इश्क़ फ़कीरां दा...

(शाह हुसैन बानी)

सूफ़ी कवि : शाह हुसैन

इश्क़ फ़कीरां दा...

(शाह हुसैन बानी)

सूफ़ी कवि : शाह हुसैन

डॉ. जसविन्दर कौर बिन्द्रा

वाणी प्रकाशन

वाणी प्रकाशन
ज्ञान के विविध आयामों के प्रकाशक

वाणी प्रकाशन का 'लोगो' विख्यात चित्रकार मक़बूल फ़िदा हुसेन की कूची से

वाणी प्रकाशन, 4695, 21-ए, दरियागंज, नयी दिल्ली-110002
वाणी प्रकाशन, अशोक राजपथ (पटना कॉलेज के सामने), पटना (बिहार)

ISHQ FAKIRAN DA... (SHAH HUSAIN BANI)
SUFI KAVI SHAH HUSAIN
by Dr. Jasvinder Kaur Bindra
Relegious Poems/Sufi Poetry

ISBN : 978-93-5000-060-1

प्रथम संस्करण

मूल्य : 95/-

वाणी प्रकाशन

फोन : 0091#11#23273167, 23275710
फैक्स : 0091#11#23275710
वेबसाइट : www.vaniprakashan.in
ई-मेल : vaniprakashan@gmail.com
vani_prakashan@yahoo.com

आर.टेक ऑफसेट प्रिंटर्स द्वारा दिल्ली-110095 में मुद्रित

समर्पित

इश्क़ की राह पर
चलने वालों को

एक प्रयास...

प्रभु को पाना आसान है, बस खुद को इसे पाने लायक बनाना ही मुश्किल होता है। आध्यात्मिकता किसी धर्म, सम्प्रदाय से जुड़ी कोई धार्मिक रीति-रिवाज या धर्मकाण्ड नहीं है। यह सिर्फ अहसास है कि परमात्मा कण-कण में मौजूद है। हमारे करीब है। सूफ़ी काव्य उस परम सत्ता का यश-गान करता है। वह इश्क़ के ज़रिये प्रभु को पाने का रास्ता बताता है। इश्क़ की राह तो आसान ही होती है—इन सूफ़ी कवियों की अँगुली पकड़कर चले तो और भी सरल और आसान लगेगा। इसी का प्रयास करने का यत्न किया है...।

डॉ. जसविन्दर कौर बिन्द्रा
नई दिल्ली

सूफ़ी काव्य

सूफ़ी काव्य की अपनी विशिष्टता है। पंजाबी काव्य में इसका एक विशेष स्थान है, हालाँकि सूफ़ीवाद का उद्भव इस्लाम से हुआ है। यह सत्य है कि सभी विचारधाराएँ तथा मत, पंथ इत्यादि अन्य धर्मों और सम्प्रदायों से प्रभाव ग्रहण करते हैं। यह बात सूफ़ी मत के बारे में भी सही साबित होती है। भारत में प्रवेश करने से इसका सम्पर्क भारतीय संस्कृति, धर्म तथा धर्म-शास्त्रों से हुआ, जो स्वाभाविक ही था।

सूफ़ीवाद या तस्सव्वुफ़ इस्लाम से सम्बन्धित एक धार्मिक पद्धति या जीवन-ढंग का नाम है, जो बाहरी औपचारिकता या दिखावे में विश्वास नहीं रखती बल्कि अन्तर्मन के ऊपर ज़ोर देती है। इसके तीन नियम हैं—क़ौल (वचन) फ़िअल (कर्म) और हाल (मनोदशा)। यह हर लिहाज से अल्लाह तथा रसूल की पैरवी तथा तायबेदारी के नाम है। ख़ुदा (सिमरन) ज़िकरि इलाही (भजन), सिदक-औ-सफ़ा (सत्य और पवित्रता), सलूक-औ-एहसान (नेकी तथा भलाई) इस जीवन-पद्धति के प्रधान गुण या कार्य हैं। कहा जाता है कि तस्सव्वुफ़ का अव्वल इल्म (ज्ञान), इसका औसत (मध्य), अमल (कर्म) तथा आख़िर मुहब्बत (बख़्शिश, इनाम या दात) है।

इस्लामी तस्सव्वुफ़ या सूफ़ीवाद के आरम्भ या विकास के तीन पड़ाव हैं—

प्रथम पड़ाव उसे कह सकते हैं जो इस्लाम के आरम्भिक दौर से सम्बन्धित है। इस दौर के सूफ़ियों की कोई विभिन्न दार्शनिक दृष्टि नहीं थी बल्कि क़ुरान हकीम तथा हदीसों का पूर्ण तौर से अनुसरण करना ही तस्सव्वुफ़ का मूल आधार था। सारे शरई लोगों ने इस तरह के सूफ़ीवाद की ना सिर्फ़ तसदीक की है बल्कि इसे कायम या स्थायी रखने तथा इसी प्रकार प्रचार करने के आदेश भी दिये हैं।

दूसरे पड़ाव में वो सूफ़ी आते हैं, जिन्हें सुलहकुल सूफ़ी कह सकते हैं। इतनी दृष्टि कई स्रोतों से प्रभाव ग्रहण करती हैं, जैसे—वेदान्त, ईसाइयत, जरदुशत, प्राचीन यूनानी धर्म, यहूदी मत, पारसी सरोश, चीन ताउ आदि मत। इसे इस्लामी कट्टरपंथियों ने नकारा है या रद्द किया है।

तीसरे पड़ाव में प्रथम तथा दूसरे पड़ाव की मिली-जुली बातें दृष्टिगोचर होती हैं। इसे क्योंकि इस्लाम के बुजुर्ग विद्वानों तथा नेक दिल दरवेशों की सहमति प्राप्त थी, इसलिए इसके हक़ में भी बहुत कुछ लिखा तथा कहा गया हैं।

सूफ़ी शब्द की व्याख्या

कूफ़ा शहर में एक चिन्तक हुए हैं, जिनका नाम अबू हाशिम था। उन्होंने जब अपने रुहानी तज़ुर्बों को प्रकट किया तो सुनने वालों ने उन्हें 'सूफ़ी' कह कर सम्बोधित किया। यह घटना 782 ई. में अर्थात् हजरत मुहम्मद साहब के शरीर त्यागने के करीब 150 वर्षों के उपरान्त घटी और ऐसा पहली बार घटा था तो लोगों द्वारा उन्हें 'सूफ़ी' पुकारना स्वाभाविक था। लोगों ने आपको 'दरवेश' कहा जो 'सूफ़ी' का पर्याय है अर्थात् फ़कीर या दीवाना जैसे अभी-अभी परमात्मा से मिल कर आया हो। बाद में इस शब्द का अर्थ-विस्तार हो गया, जैसे-जो सूफ़ या ऊन के कपड़े पहने। वह सूफ़ी; जो जन-साधारण से एकदम अलग वृत्ति को मानने वाला हो। वह सूफ़ी; जो अल्लाह तथा उसके रसूल के साथ मुहब्बत तथा इश्क़ करे। सूफ़ी उसे भी कहने लगे जो दुनिया की लाग-लपेट से स्वतन्त्र हो या दुनिया से परे रहे। 'क़ुरान शरीफ' और छः हदीसों में भी सूफ़ी शब्द का प्रयोग नहीं किया गया है, इसलिए अबू हाशिम को पहला इस्लामी सूफ़ी दरवेश माना जाता है।

सूफ़ी वे लोग हैं जिन्हें दूसरी सदी हिज़री में (सन् 200 हिजरी) में 'सहाबा' कहा गया और इनका यह नाम, हज़रत मुहम्मद के इंतक़ाल के उपरान्त पड़ा। 'सहाब' का शाब्दिक अर्थ है यार, दोस्त प्यारा या साथी (सोहबत करने वाले)। उन्होंने हजरत की सोहब्बत की थी, इसलिए सहाबा कहलाए। जिन्होंने आगे 'साहाबा' की संगति की, 'उन्हें 'ताबि-ए-दीन' (आज्ञाकार या अधीन) कहा जाने लगा।

इस्लामी रहस्यवादी को भी सूफ़ी कहते हैं। सहीह उल बुख़ारी नामक हदीस में बताया गया हैं कि 'असहाबुसुफ़्फा' (थड़ा, बैठक दीवानखाने या दालान में बैठने वालों) को ही बाद में सूफ़ी कहा जाने लगा। यह लोग वो थे जो खानाबदोश थे, बेघर थे तथा विरक्त फ़कीर थे, दुनिया से ताल्लुक तोड़ चुके थे। हजरत मुहम्मद के संगी-साथी थे तथा उनके साथ मस्जिद के एक कोने में रहते थे। हजरत आप लोगों से बहुत प्यार करते थे क्योंकि इनका सारा समय या तो ज़िकर-ए-इलाही या फ़िक्र या फ़िक्र-ए-मौला (अल्लाह का भजन, सिमरन तथा ध्यान) में बीतता था या फिर क़ुरान मजीद के पाठ करने तथा हजरत में वचन सुनने में गुज़रता था। ये अविवाहित होते थे। गिरी पड़ी खजूरें 'अहिल-ए-सुफ़्फे या थड़े वाले तथा (हजरत मुहम्मद के) क़रीब या निकटवर्ती। ये वह लोग थे जो हजरत के साथ हिज़रत करके मक्के से

मदीना आ गये थे। वह गिनती में 70 बताये जाते हैं।

'सूफ़' अरबी भाषा का शब्द है, जिसका अर्थ है ऊन या पश्मीना, क्योंकि ऊपर लिखित दरवेश सूफ़ के चोले या कपड़े पहनते थे, इसलिए उन्हें 'सूफ़ी' या 'पश्मीना पोश' कहा जाता था। यह भी माना जाता है कि हज़रत मुहम्मद साहब बज़ाति ख़ुद सूफ़ी-हस्ती का आदर्श रूप थे। आपको दोतरफा इलहाम हुआ माना गया है; अर्थात् कुरान-शरीफ़ का लोक प्रचलित भाषा में आपको पूर्ण ज्ञान था, जिसे इल्म-ए-सफ़ीना (किताबी ज्ञान) कहते हैं तथा दूसरी ओर आपने उस ज्ञानानुसार अपने अन्तर्मन को भी प्रकाशमान या ज्ञानवान किया था जिसे इल्म-ए-सीना (अन्तर्मन का ज्ञान) कहते हैं।

इस प्रकार हजरत मुहम्मद तथा उनके निकट वलियों ने जिस पवित्र-मनुष्य के आदर्श को स्थापित करने की चेष्टा की, वो 'सूफ़ी' थे, जिसमें त्याग, फ़क़र, सब्र तथा शुक्र था।

सूफ़ियों की चारित्रिक विशेषता

एक ढोंगी तथा सूफ़ी में बहुत अन्तर होता है। ढोंगी निष्क्रिय तथा आलसी होता है जबकि एक सच्चा सूफ़ी अन्दर-बाहर से एकात्म होता है।

सूफ़ी फ़क़र-औफ़ाक़ह (मस्कीनी तथा रोज़ादारी या व्रत) की मिसाल होते हैं और सब्र-संतोष तथा तवकल (भरोसे) की मूरत होते हैं। सूफ़ी का 'क़ौल' उसके फ़िअल (कर्म) की गवाही देता है अर्थात जो वह कहता है वही करता या कर सकता हैं। सूफ़ी का हरेक काम रहमान द्वारा अनुशासित होता है।

सूफ़ी 'इश्क़' में जीता है, वही उसका अमल और मुशाहदा होता है। सूफ़ी का इश्क़ एक अनुशासन अधीन वृत्ति है, उसका समूचा जीवन, प्रकाश का एक ऐसा पुंज बन जाता है जो दिखानेवालों या ढोंगियों की किस्मत में कभी सम्भव नहीं हो सकता। सूफ़ी को अपने इश्क़ पर गर्व होता है।

सूफ़ी बनने के लिए किसी का मुरीद होना पड़ता है। कोई भी सैयद तभी सूफ़ी बन सकता है, जो अपनी पुरानी पहचान त्याग कर किसी का मुरीद बन जाता है। जैसे हज़रत बुल्ले शाह ने अपनों के ताने-व्यंग्य सुनने के बावजूद 'शाह इनायत' को अपना मुर्शिद स्वीकार किया था मुर्शिद-मुरीद दोनों एक ऐसे रिश्ते में बँध जाते हैं जो अटूट और अमर होता है।

सूफ़ियों का अदबी शहूर यानि साहित्यिक चिन्तन मकुन से कुन तक का सफ़र होता है। मकुन का अर्थ है 'ना होना' या नासति-भाव अर्थात् अस्तित्वहीनता की अवस्था (का आदेश) जहाँ शब्द, स्पर्श, रूप, रस, गन्ध का अभाव होना। कुन (हो जाना)

के बाद इन पाँचों—बोलना (शब्द), छूना (स्पर्श) देखना (रूप), चखना (रस) तथा सूँघना (गन्ध) समर्थाओं को धारण करना हस्ती या अस्तित्व का आरम्भ होता है।

जिस समय 'कुन' स्वरूप को कोई भी धारण कर लेता है, 'मकुन' स्वरूप उसी समय छिन्न-भिन्न हो जाता है। 'कुन-मकुन' का यह खेल सारे सूफ़ी काव्य का बुनियादी नुक्ता है। सूफ़ी साधना-पद्धति या सिद्धान्त पद्धति में इसे ही शरीयत से फना फ़ी अल्लाह की यात्रा का खेल कहेंगे जो दरअसल बका बअल्लाह (अमरत्व) की अवस्था है। इसके उल्टे फेर में बक़ा से शराई तक की यात्रा है, जिसका ज़िक्र ख़ासतौर से बुल्ले शाह ने अपनी काफ़ियों में किया है।

सूफ़ी काव्य की मूल धुरी 'इश्क़' है। 'इश्क़' अरबी भाषा का शब्द है। इसके समानार्थक शब्द मुहब्बत, उल्फ़त, वेहत या किसी वस्तु, व्यक्ति या स्थान प्राप्ति की प्रबल इच्छा आदि है। यूनानी चिकित्सकों ने एक रोग का नाम इश्क़ रखा है, जिसकी अलामतें या लक्षण जनून के रोग से मिलते-जुलते हैं, पागलपन या दीवानगी जैसी अवस्थी होती है।

'पंजाबी सूफ़ी काव्य' में भी 'इश्क़' का मुख्य स्थान है। एक तरफ यह साधक या सूफ़ी को मुर्शिद से जोड़ने पर 'इश्क़ मिजाजी' कहलाता है। और दूसरी तरफ शरीर से पारलौकिक हो कर रूहानी मंज़िलें तय करते-करते हक़ीकत के शिखर तक पहुँच 'इश्क़ हक़ीक़ी' बन जाता है। सूफ़ी साधना में प्रेम या इश्क़ प्रेमात्मा या माशूक़ तक ले जाने वाला जबर्दस्त तथा अद्वितीय साधन-मात्र है। मौलाना रूम ने इश्क़ को एक मुआलज या हकीम मानते हुए कहा कि, 'इसमें सारे रोगों, दुनियावी महादोषों तथा असाध्य रोगों का निवारण करने की शक्ति है।' इश्क़ वह ज्वाला है जिसमें वह सारे वसफ़ (गुण) जल कर राख हो जाते हैं, जो अल्लाह की ओर सूफ़ी के रुझान को रोकने वाले होते हैं।

फ़रीद के अनुसार, इश्क़ में लालच के लिए कोई स्थान नहीं हैं। इश्क़ बातों का मज़मून नहीं है, शुद्ध हृदय का विषय है। अपने इश्क़ की ख़ातिर आशिक़ अपनी जवानी की सुन्दरता तथा सुनहरीपन भी कुर्बान कर सकते हैं। इश्क़ में फिराक़ (जुदाई) का सहन करना सच्ची बादशाही है और इसको सहन न करने की सामर्थ्य ना जुटाने का अर्थ स्वयं को मुर्दों के बीच रहने देना। इश्क़ में तन को तन्दूर के समान तपाना पड़ता है, जिसमें ईंधन की बजाय एहसासों सहित ख़ुद को झोंकना पड़ता है। माशूक के दर्शन की उम्मीद मरते दम तक आशिक़ की बनी रहती है।

फ़रीदा जा लबु ता नेहुँ किआ, लबु ता कूड़ा नेहुँ
किचरू झति लंघाइयै छपरि तुटै मेहु।

शाह हुसैन ने इश्क़ के सफ़र को अति दुश्कर या दुर्गाम कहा हैं, क्योंकि कभी इसे तलवार की धार पर चलने जैसा कष्ट सहन करना पड़ता है और कभी सूई के नोक से गुज़रने की कोफ़्त उठानी पड़ती है। सच्चा आशिक, इश्क़ के कसीदे गाते हुए हर दर पर जा कर इसका मुतब्बरक़ (पवित्र) पैगाम देता है। सच्ची मुहब्बत सिजदे करने या माथा टेकने की मुहताज नहीं और ना ही धार्मिक कर्मकाण्ड—रोजा, हज, ज़कात, जेहाद आदि की। माशूक़ द्वारा कबूल कर लिये जाने पर आशिक सारे जहान को तुच्छ समझने लगता है, फिर ना तो उसे काज़ी की कोई बात पसन्द आती हैं और ना ही मुल्ला द्वारा दी गयी कोई सीख आशिक़ को उसके राह से विचलित कर सकती है। आशिक़ पर एक दीवानगी का अलाम-सा छा जाता है। यह भेद भी नहीं रहता कि प्रेमी कौन है और प्रेमिका कौन है। यूँ प्रतीत होता है, मानों दोनों के वजूद एक मुबारक इकाई में समा गये हों। फ़क़ीर-ए-इश्क़ अजर, अमर और सदैव होता है।

इश्क़े दी सिर खारी चाईं आ
दर दर देनी आं होका वे लोका।

सूफ़ियों के इतिहास में चौदह सम्प्रदायों का जिक्र मिलता है—1. चिश्ती, 2. सुहरावर्दी, 3. रबीजी, 4. तफूरी, 5. करखी, 6. सक्ती, 7. जनेंदी, 8. काजवनी, 9. तुसीं, 10. फिरदौसी, 11. ज़ेदी, 12. इयादि, 13. अधमी, 14. हुबेरी।

भारतीय सूफ़ी सम्प्रदायों में इन सभी का चर्चा ना हुआ सिर्फ चिश्ती, कादरी, सुहरावर्दी, सत्तारी तथा नक्शबन्दी सम्प्रदायों की चर्चा हुई, हालाँकि सुहरावर्दी सूफ़ी सबसे पहले सिन्ध में आये थे, परन्तु पंजाब में सबसे पहले चिश्ती सम्प्रदाय का जिक्र हुआ। पंजाबी में सूफ़ी कवि बाबा शेख़ फ़रीद इसी सम्प्रदाय से सम्बन्धित थे। चिश्ती सम्प्रदाय के बाद सबसे ज़्यादा चर्चा पंजाब में कादरी सम्प्रदाय का हुआ। प्रसिद्ध पंजाबी कवि शाह हुसैन तथा बुल्ले शाह कादरी सम्प्रदाय के ही थे। श्री हरिमन्दर साहब की नींव मियां मीर ने रखी थी, वह भी कादरी-सूफ़ी थे। इस प्रकार कादरी सम्पद्राय की पंजाबी संस्कृति के साथ काफ़ी नजदीकी स्थापित हो गयी थी।

पंजाबी सूफ़ीवाद में कुछ विलक्षणता थी जो इसे समूचे सूफ़ीवाद से अलग करती है। पंजाब सूफ़ीवाद ने इस्लाम की कट्टरता को तोड़ा बुल्ले शाह तथा अन्य कुछ सूफ़ियों में तो कट्टर इस्लाम का विरोध किया और इश्क़ की राह को एक समानान्तर राह के तौर पर स्थापित किया। इसका पंजाबी इस्लामी संस्कृति पर तीखा प्रभाव पड़ा। पश्चिमी पंजाब (पाकिस्तान) में पंजाबी समाज में एक विभाजन देखा जाने लगा। एक वर्ग कट्टर इस्लाम का है तथा दूसरा सूफ़ी प्रभाव वाला वर्ग जो पंजाबी

होने के नाते स्वयं को समूची पंजाबी संस्कृति का अंग स्वीकार करता है। यह वर्ग समूची पंजाबी संस्कृति को एकात्म रूप में देखना चाहता हैं। इस प्रकार पंजाब सूफ़ीवाद का प्रभाव विचारधारक बन गया।

पंजाब सूफ़ीवाद की विशेषता तथा विलक्षणता तो शेख फ़रीद के काव्य से ही उधड़ने लगी थी। शेख़ फ़रीद के समय में राज्य-सत्ता तथा सूफ़ीवाद में विरोध नहीं था। ना ही शेख़ फ़रीद के काव्य में कट्टर इस्लाम का कोई बिम्ब नज़र आता है। हालाँकि उनके काव्य में इस्लाम का सन्देश होने के बावजूद अति नम्रता तथा सहजता है। उनकी निर्गुण विचारधारा, प्रगीतकता और पंजाबी संस्कृति की बिम्बावली से ओत-प्रोत कविता उन्हें गुरमति-काव्य के नज़दीक ले आती है। यह कविता की श्रीगुरुग्रन्थ साहब में शामिल होकर 'बाणी' बन जाती है और इसके साथ ही पंजाबी सूफ़ी काव्य, पंजाबी संस्कृति के अवचेतन में गहरा उतर जाता है।

शेख फ़रीद के बाद जब शाह हुसैन सामने आता है, उनकी प्रगीतक शायरी में भी गहरी रमज़ है। संसार मायका है। अपने प्रिय को पाने का माध्यम इश्क़ हैं। शाह हुसैन की काफ़ियों में पंजाबी त्रिहजण (सूत कातने वाला स्थान) की बिम्बावली को सौहार्दपूर्ण तथा सहजता से पेश करती है। इस प्रकार पंजाबी सूफ़ी शायरी एक लोक-संस्कृति को विकसित करती है। दार्शनिक वाद-विवाद बन कर लोगों से दूर नहीं रहती।

शाह हुसैन के बाद सुल्तान बाहू आया, जिसका अन्दाज़ पहले के पंजाबी सूफ़ी काव्य से अलग है। बाहू ने शराई पाबंदियों के बारे में कोई विरोध पैदा ना किया, उल्लंघन नहीं किया। लेकिन उन्होंने आशिक की राह को नयी राह दी और इस प्रकार पंजाबी सूफ़ी काव्य की विशेषता से नाता बनाये रखा–

ज़े-ज़बानी कलमा सभ कोई पढ़दा
दिल दा पढ़दा कोई हू।
दिल दा कलमा आशिक पढ़ दे
की जानण सार गलोई हू

सुल्तान बाहू की जवानी के समय में औरगंजेब की कट्टरवादिता सामने आयी। महफ़िलों में नाचने-गाने पर पाबन्दी लगा दी गयी थी। बाहू ने समानान्तर इश्क़ की राह को अपनाया। बादशाह ने उनसे मिलने का आमन्त्रण भेजा परन्तु ध्यान नहीं दिया और 'हू' की प्रगीतक धुन में लीन रहा।

शाह हुसैन

जीवन-परिचय

शाह हुसैन मध्यकाल के प्रसिद्ध सूफ़ी कवि हुए हैं। वह न केवल सूफ़ी कवि थे, बल्कि महान सूफ़ी फ़कीर तथा मानवतावादी संत भी थे। इन्होंने सूफ़ी काव्य के इतिहास में एक नई परम्परा का आरम्भ किया। उन्होंने बाबा फ़रीद द्वारा चलाये गये सूफ़ी काव्य के प्रवाह को एकदम बदल दिया। शाह हुसैन ने पंजाबी सूफ़ी काव्य में इस्लामी शरई के स्थान वैष्वणी मत, वेदान्त तथा अन्य भारतीय दर्शन का प्रवेश करवा, इसके विषय-क्षेत्र को और भी विस्तृत कर दिया। उन्होंने फ़रीद काव्य में उपलब्ध शरई-अंशों तथा भय की भावना का त्याग कर इसे इश्क और इश्क से सम्बन्धित वियोग के दर्द से जोड़ दिया। इसके साथ ही उन्होंने सूफ़ी काव्य को इस्लामी प्रभाव से मुक्त कर पंजाबी जन-जीवन में ढाल दिया।

शाह हुसैन की जन्मतिथि सम्बन्धी कई मतभेद प्रचलित हैं, परन्तु फिर भी उनका जन्म लाहौर के टकसाली दरवाज़े के अन्तर्गत 945 हिज़री अर्थात् 1538-39 ई॰ माना जाता है। माना जाता है कि शाह हुसैन के पूर्वज़ हिन्दू लाहौरीये थे और कायस्थ थे उनके दादा जी कुलजस राय थे। जिन्होंने किसी मजबूरीवश या हालातवश फ़ीरोज़ शाह तुग़लक के राज्यकाल में इस्लाम धर्म ग्रहण कर लिया और कुलजस राय से शेख-उल-इस्लाम बन गये। कुछ लोग इनका गोत्र ढ़ट्टट या ढूडी राजपूत मानते हैं। आप के पिता का नाम शेख उस्मान था। जिस समय शाह हुसैन का जन्म हुआ, उस समय आपके घर में बेहद गरीबी तथा बेबसी का आलम था। आपके पिता जीवन यापन के लिए तलवार छोड़ कर खड्डी पर कपड़ा बुनने लगे थे। शाह हुसैन स्वयं इस बारे में संकेत करते है। उनकी जात के कारण दूसरी जुलाहिन औरतें उन्हें ताने मारती हैं—

नाऊ हुसैन तें जात जुलाहा
गालियाँ देंदीयाँ ताणियाँ वालीओ।

शाह हुसैन की आरम्भिक शिक्षा लाहौर में हुई। वह जब सात वर्ष के थे तो उन्होंने शेख़ अबूबकर से कुरान-शरीफ़ पढ़ना आरम्भ किया। उन्हें 8-10 पारे कंठ गये थे। उन्हीं दिनों मौलवी अबूबकर से मिलने एक सूफ़ी दरवेश शेख़ बहलोल दरियाई आये। वह चन्निओट ज़िले झंग के निकट रहने वाले वली अल्ला बुज़ुर्ग थे। शेख़ बहलोल ने शाह हुसैन से वुज़ू के लिए निकट बहते दरिया से पानी का लोटा भर कर लाने के लिए कहा, वह तुरन्त ले आए। आप की भोली-भाली सूरत, बाल्यपन में ही ख़िदमत तथा प्रभु के प्रति लगाव देख कर शेख़ बहलोल को आप पर बहुत स्नेह उमड़ आया। उन्होंने शाह हुसैन को बेहद प्यार किया, कुछ पढ़ कर फूँका और दुआ दी, जिसका प्रभाव यह हुआ कि आपका ज़ेहन (दिमाग़) खुल गया और कुछ ही दिनों में आपने सारा कुरान-मज़ीद कण्ठस्थ कर लिया। उसके बाद जब रमज़ान का महीना आया तो नमाज़ तरावीह पढ़ाते हुए हुसैन ने सारा कुरान-मज़ीद सुना दिया। शेख़ बहलोल जाते समय आपको हज़रत दाता गंज बख्श के मज़ार पर बाक़ायदा हाज़िरी देने की हिदायत करके गये। आपने उस पर पूरा अमल किया और दाता के दरबार की हाज़िरी, इबादत, भक्ति तथा रियाज़त को अपना नित्य-कर्म बना लिया।

इस प्रकार शेख़ बहलोल दरियाई ने शाह हुसैन को बचपन से ही प्रभु-प्रेम, पूजा-अर्चना तथा सत्संग की चेटक लगा दी थी, जिनका ज़िक्र शाह हुसैन ने अपनी 'क़ाफियों' में कई स्थानों पर किया है। शाह हुसैन ने तक़रीबन छत्तीस वर्ष तक कठिन इबादत तथा रियाज़त की। दिन में रोज़ा रखते, सारी रात कुरान-मज़ीद पढ़ते रहते। वह तीसरे पहर दाता गंजबख्श की मज़ार से लगी मस्जिद में आ आते और यहाँ की सुबह नमाज़ जमात के साय पढ़ते और दिन चढ़ने तक वज़ीफा करते।

छत्तीस वर्ष की उम्र में लाहौर के एक मशहूर तथा आलिम फाज़िल बुज़ुर्ग शेख़ सायदुल्ला से तफ़सीर-मदारक सबकन पढ़ रहे थे कि तभी यह आयत आई :

'दुमाअ अलहैवातन अल-दुनिया इल्ला कदऔ लुआब।'

जिसका अर्थ उस्ताद ने बताया, "दुनिया एक खेल-कूद के सिवाय कुछ भी नहीं।" यह सुनते ही आप पर एक मज़जूबी कैफ़ियत तारी हो गयी और उसी आनन्दमयी हालत में मक़तब (पाठशाला) से बाहर आ गये और फिर कभी उधर का रुख़ नहीं किया। शाह हुसैन शराई, नियम, बंदिश, तपस्या के मार्ग का त्याग कर हक़ के मार्ग पर चलने लगे। कहा जाता है कि जब आपके आध्यात्मिक गुरु शेख़ बहलोल को उनकी इस हरकत के बारे में मालूम हुआ तो वह लाहौर आए और आपको आदेश दिया, "नमाज़ पढ़ो और नमाज़ में कुरान-मज़ीद सुनाओ!" मुर्शिद के आदेश मुताबिक जब कुरान पढ़ते हुए वह इस आयत पर आए

'अलमा नशराहा लक़ा सदरका'

जिसका अर्थ है–"क्या हमने नहीं खोल दिया तुम्हारा सीना। इसे पढ़ते ही वह खिलखिला कर हँस दिए और नमाज़ तोड़ दी। बाकी के सत्ताईस वर्ष हुसैन की ज़िन्दगी में इसे मज़जूबियत (मस्ती) तथा जज़्ब-ए-शुक्र (मस्ती तथा मयख़ोरी) के आलम में ही गुज़रे।

शाह हुसैन का सम्बन्ध सूफ़ियों के मलामती टोले से रहा। इस टोले का प्रवर्तक अबू सालिह हमदून था। इस टोले की विशेषता विचार स्वतन्त्रता है। इनका बाहरी आचरण तथा आंतरिक चरित्र में विरोधाभास होता है। वह दिखाने के लिए जान-बूझ कर ऐसा व्यवहार करते हैं कि लोग उनसे घृणा करे। परन्तु अन्तर्आत्मा से यह लोग एक सच्चे साधक होते हैं। इस सम्प्रदाय की विशेषता नृत्य-संगीत, नशों का इस्तेमाल तथा स्वतन्त्र व्यवहार है। असल में मलामत शरीयत की बेअदबी और बेपरवाही करना नहीं होता। लोगों का ध्यान अपनी ओर से हटा कर अल्लाह के मार्ग पर निःसंकोच आगे बढ़ना ही मलामत है। सच्चे कर्म करते हुए दुनिया का डर सामने नहीं रखना चाहिए और न ही अपने नफ़स (मन) को फ़रऊन के नफ़स से बड़ा मानना चाहिये, बल्कि अपने दिल को फ़रऊन के दिल से ऊँचा और उत्तम समझना चाहिये। मलामती सूफ़ी दुनिया की शोहरत, प्रसिद्धि तथा ख्याति से पल्ला छुड़ाते हैं। दुनिया से भी अपना पल्ला छुड़ा लेते हैं। शाह हुसैन की कविता में इस भाव से ओत-प्रोत विचार कई स्थानों पर मिलते हैं:

(1) दरगहि विच सुहागन सई
जो खुलि खुल नच्च खलोई

(2) असीं बुरीयाँ वे लोकाँ बुरीयाँ
कोल न बहु वे असीं बुरीयाँ

इसी मलामती भावना के कारण ही शाह हुसैन ने अपना नित्यकर्म और वेश बदल लिया। अब उन्होंने सुबह से ले कर साँझ तक गाने-बजाने वालों से नाता जोड़ लिया, दाढ़ी आदि कटवा ली, हाथ में शराब की सुराही तथा गिलास थाम लिये और शहर में अलमस्त हो कर घूमने लगे। राग-रंग और नाच-गाने की महफिलों और मजलिसों में स्वयं को जलाने लगा। इस परिवर्तन का कारण 'मज़ाज़' की मंज़िल तय करनी थी, जिसके बाद 'हक़ीकत' की सीढ़ी पर चढ़ा जाता है। यह सूफ़ी मार्ग के पड़ाव हैं।

मज़जूबीयत के इसे रास्ते पर चलते हुए शाह हुसैन को माधो लाल मिला। माधो लाल के साथ शाह हुसैन का नाता इस कदर गहरा हो गया कि लोगों ने उन्हें माधो लाल हुसैन कहना आरम्भ कर दिया। हालांकि इस सम्बन्ध को लेकर विद्वानों

में काफी मतभेद है। कई विद्वानों का मत है कि शाह हुसैन तथा माधो लाल का आपसी सम्बन्ध गुरु-शिष्य वाला था और शाह हुसैन के इन्तकाल के बाद कई वर्षों तक माधो लाल उनकी गद्दी पर विराजमान रहा। इस बारे में भी विद्वान एकमत नहीं कि माधो लाल असल में हिन्दू थे या मुसलमान। कई विद्वानों के अनुसार वह एक ख़ूबसूरत ब्राह्मण लड़का था। जिसकी खूबसूरती पर हुसैन मोहित हो गये। मियाँ मौला बख़्श कुश्ता इस प्रेम-कहानी को क़िस्से के रूप में चटखारे लेने वाले अन्दाज़ में पेश करता है।

उसके अनुसार, मस्ती में डूबे हुए हुसैन एक बार रावी की ओर जा रहे थे कि इन्होंने शाहदरे के वृक्ष के नीचे एक सुन्दर सजीला, कच्ची उम्र का ब्राह्मण लड़का माधो घोड़े पर जाते हुए देखा। वह इसे देखते ही इस पर फ़िदा हो गये और उसका पीछा करते हुए रावी पार शाहदरा उसके घर तक जा पहुँचे। माधो का प्यार जीतने के लिए उसके घर के बाहर इश्क़ भी धूनी रमा दी। माधो भी हुसैन की दीवानगी से प्रभावित हो गया। माधो के माँ-बाप तथा रिश्तेदार इस सम्बन्ध से परेशान होने लगे, परन्तु 'इश्क ना पुच्छे जात सफ़ात।' दोनों का प्यार परिवार, समाज की हदें पार कर गया और वह एक-दूसरे में इस कदर समा गये कि अब हुसैन, हुसैन न रहा, बल्कि माधो लाल हुसैन हो गया।

मौला कुश्ता के इस किस्से को देखकर अफ़सोस होता है क्योंकि वह यह भूल गये कि वह किसी आम इन्सान और किसी छोकरे या लौंडे के बारे में नहीं लिख रहे थे। वह एक पहुँचे हुए संत फ़कीर के बारे में चर्चा कर रहे थे। उन्होंने इसे इश्क़ मिजाज़ी और साधारण किस्सा समझ बयान किया जबकि बाक़ी विद्वान इसे मुर्शिद-मुरीद या गुरु-शिष्य के रूप मे प्रकट करते हैं। यह सच है कि सूफ़ी बन जाने के बाद हुसैन आम लोगों में प्रचार करने लगा। रावी पार शाहदरा से ब्राह्मणों का एक लड़का उनकी धर्मसभाओं में काफ़ी आने लगा। उस पर हुसैन की शिक्षा का असर पड़ने लगा उस ब्राह्मण लड़के ने उनका ध्यान अपनी ओर खींचा। उसका यह स्नेह-प्यार इस हद तक बढ़ गया कि जिस दिन माधो ना आता तो उनका मन न लगता। उसे देखने के लिए हुसैन उसके घर तक जाने लगे। यह बात माधो के माँ-बाप तथा अन्य लोगों को काफी नाग़वार लगने लगी। इसलिए वह माधो को हुसैन के पास जाने से रोकने लगे। परन्तु सच्चे प्यार को कभी परिवार या समाज रोक नहीं पाया, इसलिए हुसैन और माधो लाल का रिश्ता हमेशा के लिए बना रहा।

मज़ाज़ की मंज़िल तय करने के बाद 'हक़ीकत' की सीढ़ी चढ़ने के लिए शाह हुसैन ने दुनिया का विचार मन से एकदम निकाल बाहर फेंक दिया और फ़कीरी धारण कर ली। मस्ती और मज़जूबीयत की हालत में रहने के बावजूद उसकी कड़ी

मेहनत, तपस्या, रहस्यमयी ज़िन्दगी और परा-शरीरक शक्ति तथा शोहरत सारे देश में फैल चुकी थी। 'तहिकी काति चिश्ती' में ज़िक्र आता है कि जब अकबर बादशाह लाहौर आया तो उसने शाह हुसैन को अपने दरबार में बुला भेजा। जब शाही अधिकारी हुसैन को दरबार में लेकर हाज़िर हुए तो वह अजीब सी हालत में था। दाढ़ी कटी हुई, एक हाथ में शराब की सुराही और दूसरे में प्याला पकड़ा हुआ। यह देखकर अकबर ने पूछा, "कादरी हो कर यह हाल?" हुसैन ने करामात दिखायी और शराब की सुराही में से ठंडा पानी, शर्बत और दूध निकाल दिये। अकबर यह देखकर समझ गया कि वह एक पहुँचा हुआ फ़कीर है, इसलिए उसे इज़्ज़त से दरबार से विदा किया। यह वेश, यह रूप इसीलिए धारण किया हुआ था ताकि लोग उनसे घृणा करें और लोगों की लानतों-मलामतों से उसके दिल की सफ़ाई होती रहे।

यह माना जाता है कि शाह हुसैन एक करामाती फ़कीर थे और ताबीज़-धागा करते थे। उनके करामातों की कई घटनाएँ सामने आती हैं—

एक बार किसी खरबूज़े बेचने वाले ने आप से कहा, "मैं ज़रा काम से जा रहा हूँ, आप खरबूज़ों की रखवाली करें।" हुसैन ने ऐलान किया, "टके-टके खरबूज़ा, साथ में बेटा।" कहते हैं, उस समय जिन लोगों ने आपसे खरबूज़े खरीदे, उनके घर पुत्र पैदा हुए।

इसी प्रकार, एक बार उनके पास एक आदमी आया और कहने लगा, "मैं फलां औरत पर मरता हूँ, लेकिन वह मेरी ओर कोई ध्यान नहीं देती।" आपने फरमाया—"कुछ दिन उसके गाँव के नाम का जाप करो।" उस आदमी ने ऐसा ही किया और वह औरत स्वयं उस आशिक़ के क़दमों में आ पड़ी।

यह भी कहा जाता है कि माधो के माँ-बाप हरिद्वार स्नान के लिए जा रहे थे, उन्होंने माधो को भी साथ ले जाना चाहा। शाह हुसैन उसकी जुदाई एक पल के लिए भी सहन नहीं कर सकते थे। उन्होंने माधो से कहा, "तुम इन्हें जाने दो। हम स्वयं तुम्हें वहाँ पहुँचा देंगे।" यह सुन कर माधो चुप हो गया, वह लोग चले गये। एक दिन माधो, उदास देख कर उन्होंने कहा, "माधो, मेरे पैरों पर पैर रख कर आँखें बन्द कर लो।" माधो ने ऐसा ही किया तो उसने देखा कि वह अपने माँ-बाप के साथ हरिद्वार में स्नान कर रहा है। कुछ देर बाद उसे आँखें खोलने को कहा तो वह अपने मुर्शिद के पास था। वापस आकर माधो के माँ-बाप ने इस सच्चाई को स्वीकार किया कि जब वह स्नान कर रहे थे तो माधो उनके साथ था। माधो यह करामात देख कर मुसलमान हो गया। माधो लाल 903 हिज़री में पैदा हुआ और शाह हुसैन की मृत्यु के बाद 35 वर्ष तक उनकी गद्दी पर सुशोभित रहा और 1043 हिज़री में उसका देहान्त हो गया।

शाह हुसैन के मलामती और अलमस्त होने के बावजूद उनकी ख्याति बढ़ती

ही जा रही थी। इस ख्याति से चिढ़ कर और मुसलमान हो कर शरई शरीयत की पाबन्दी न रखने का कारण मौलवी-काज़ी उनसे बहुत नाराज़ रहने लगे। एक बार शाह हुसैन मस्ती-मलंग बना नाचते-झूमते और गाते हुए लाहौर के बाज़ारों से गुज़र रहा था कि काज़ी मख़दूमुल मुल्क ने उन्हें पकड़ कर सज़ा देनी चाही। शाह हुसैन काज़ी की ऐसी नीयत को भाँप गये, उन्होंने उसके घोड़े की लगाम पकड़ ली और कहने लगे, "इस्लाम का मुख्य सिद्धान्त है तौहीद, अर्थात् अल्लाह एक है और उसके रसूल हज़रत मुहम्मद साहब हैं। हम दोनों इस बात को मानते हैं।" काजी ने सिर हिलाया। "इस्लाम के चार ज़रुरी आदेश हैं—नमाज, रोज़ा, हज और ज़कात। नमाज़ और रोज़ा मैंने छोड़े हुए है, हज और ज़कात तुमने छोड़े हुए हैं। यदि मैं पहले दो कारणों का दोषी हूँ तो तुम भी बाकी दो के दोषी हो। फिर तो सज़ा के हक़दार हम दोनों ही हैं। अकेले मुझे ही सज़ा क्यों?" काज़ी लाजवाब हो गया।

यह माना जाता है कि जो आदमी शाह हुसैन के पास मुरीद बनने के लिए आता, हुसैन उससे कहते, "दाढ़ी कटा दो और शराब पीओ।" यदि वह मान लेता तो उसे मुरीद बना लेते नहीं तो वापस भेज देते।

मौलाना अब्दुल हक़ीम सयालकोटी लिखते हैं कि एक बार उन्होंने हुसैन के पास हाज़िर होकर उनका मुरीद होने की अर्ज़ की। उन्होंने कहा, "मुल्ला जी। क्यों हमें छोटा बनाना चाहते हो, मेरा मंत्र मुल्लाओं पर नहीं चलता। जाओ, क्यों शहर में हमें बदनाम करते हो?"

एक बार हुसैन से पूछा गया, "तुम कौन हो?" तो जवाब में हुसैन ने कहा,

न इस्थिति, न मुसाफिर
न मुसलमान, न काफ़िर
मैं वही हूँ जो पहले था।

इससे ज़ाहिर है कि हुसैन को नग्गता-नमूज़ियत या दुनियादारी की ज़रा भी परवाह नहीं थी। वह स्वयं लिखते हैं :

निमाणियाँ दी रब्बा रब्बा होई
भठि पई तेरी चिट्टी चादर
चंगी फ़कीराँ दी लोई।

वह शेख बनना नहीं चाहते थे। उनके लिए यह सभी बातें फरेब और झूठी थीं!

असां कि तकूँ शेख़ सदावणा
तुसीं न कोई आखो पीर हैं
कूड़ी गल ना भांवदी।

दुनिया के रीति-रिवाज़ों से ऊपर उठना ही असल में ऊँचा मुकाम हासिल करना है–

बाहर पाक अंदरि आलूदा किया तू शेख़ कहावहि
कहै हुसैन जे फारिग थीवहि, तां खास मरातब पावहि।

शाह हुसैन को कोई हुसैन कहे या शाह, शेख़ कहे या लाल हुसैन–इससे उन्हें कोई फ़र्क नहीं पड़ता, क्योंकि स्वयं हुसैन को अपने नाम के साथ फ़कीर शब्द का प्रयोग करने में आनन्द मिलता है। यह भी कहा जा सकता है कि यह शब्द शाह हुसैन का तकिया क़लाम ही बन गया था, उदाहरणर्थ–

कहै हुसैन फ़कीर साईं दा
कहै हुसैन फ़कीर निमाणा
कहै हुसैन फ़कीर गदाई
कहै हुसैन फ़कीर रबाणा
कहै हुसैन फ़कीर मऊले दा

मस्त, मलंग, गरीब, बेचारा कहलवाने में उन्हें गर्व महसूस होता। उनकी निगाह में फ़कीर का दर्ज़ा वही है जो आध्यात्मिक मुकाम में ब्रह्मज्ञानी को प्राप्त होता है। फ़कीर के लक्षण बताते हुए वह कहते हैं–

महबूबां फ़कीरां दा, साईं निगहबान
ज़ाहिर बातन इक करि जाणनि
सभ मुश्किल थीआ आसान।

जो परमात्मा के प्रिय फ़कीर होते हैं, उन पर वह मालिक सदा मेहरबान रहता है। फ़कीर वह है जो प्रत्यक्ष और अप्रत्यक्ष को, ज़ाहिर तथा अप्रकट को एक समान समझते हैं। प्रत्येक प्रकार की मुश्किल को वह आसान ही मानते हैं।

फ़कीरी के बड़प्पन से सम्बन्धित कुछ और पद देखें–

– दुनिया छोड़ि फ़कीर थीआसे, जागी प्रेम कणी
कहै हुसैन फ़कीर साईं दा जाणहि आप थणी।

– मैंणी जान जो रंगेसो रंगे
मस्तकि जिनहां दे पई फ़कीरी, भाग तिन्हां दे चंगे।

– औखी घाटी बिखड़ा पैंड़ा, राह फ़कीरो दा लंभा।

इस पहुँचे फ़कीर शाह हुसैन ने अपने जीवन के पहले छत्तीस वर्ष तक कठिन तपस्या, रियाज़त तथा बन्दगी की और बाद के सत्ताईस वर्ष मस्ती तथा मज़जूबी में

गुज़ारे और इस प्रकार कुल 63 वर्ष की आयु बिता कर 1008 हिज़री मुताबिक 1599 ई॰ को प्रभु को प्यारे हो गये।

कहा जाता है कि हज़रत हुसैन ने अन्त समय में यह आदेश दिया कि मौत के बाद उन्हें शाहदरे के पास दफ़नाया जाए। तेरह वर्षों के बाद रावी में बाढ़ आयेगी और उनका मज़ार गिर जायेगा। उस समय उनकी लाश को वहाँ से निकाल कर 'बाबू पुरे' में दबा देना। और माना जाता है कि ऐसा ही हुआ। मज़ार गिरने से हुसैन के ख़लीफ़ा मुहम्मद साहिब ने सेवकों समेत क़ब्र का मुँह खोला, परन्तु लाश ना मिली। निराश होकर जाने लगे तो क़ब्र से आवाज़ आई, 'क़ब्र के अन्दर सिरहाने को ओर एक सुन्दर फूलों का गुलदस्ता पड़ा है। वही हुसैन का मुबारक़ शरीर है परमात्मा ने हुसैन के शरीर को अपनी बख़्शीश से फूल बना दिया है। उस गुलदस्ते पर नया क़फ़न डाल कर बाबूपुरे ले जा कर दफ़ना दो।' हुसैन की लाश बाबूपुरे (बगबानपुरा) 1021 हिज़री में फिर से दफनायी गयी। यह स्थान शालीमार बाग के नज़दीक है। यहाँ प्रत्येक वर्ष मेला लगता है और रात को चिरागां होता है। इसीलिए इसे 'मेला चिरागां कहते हैं। यह प्रत्येक वर्ष मार्च के महीने के आख़िरी इतवार को लगता हैं। मेला चिरागां में रात को क़व्वाल शाह हुसैन की क़ाफियाँ गाते हैं। यह मेला अब एक बड़े उर्स का रूप धारण कर चुका है।

शाह हुसैन ने कबीर और बुल्ले शाह की तरह शेख़ साहिब और मुल्ला-मौलवियों की अच्छी झाड़-फटकार की है। वह प्रभु-प्रेम में मदमस्त फ़कीर था, वह इश्क़ में दीवाने थे, उसे इस्लामी शराई तथा कर्मकांड में बँधना पसन्द नहीं था, क्योंकि उनके अनुसार इश्क़ कोई आसान काम नहीं है। यह तो 'सूई का नक्का' है, जिसमें से नम्रता, कठोर तप-जुहद और मस्ती फ़कीर द्वारा धागा सूक्ष्म प्रवृत्तियों के कारण ही पार जाया जा सकता है। जबकि शेख़ और धर्म-आचार्य बाहरी तौर पर साफ-उजले वस्त्र पहनते हैं परन्तु अन्दर उनके गन्दगी भरी होती है। शाह हुसैन के अनुसार, ऐ शेख! तू इस गन्दगी से, झूठे व्यवहार से फारिग हो जा, मुक्ति प्राप्त कर ले तो प्रभु के दरबार में विशेष पदवी प्राप्त कर सकता है। देखें, उसके सम्बोधन में कितना व्यंग्य छुपा हुआ है–

आशिक होवें तां इश्क कमावैं ।।। रहाऊ।
राह इश्क का सूई का नक्का, तागा होवें तां जावैं।।।
बाहिर पाक अन्दर आलूदा, क्या, तू शेख कहावैं। 2।
कहै हुसैन जे कारिग थीवै, तो खास मरातबा पावैं।

शाह हुसैन ने अनेकों भावों और विषयों को विभिन्न ढंगों से प्रगट किया है।

भावों के साथ उसकी बोली भी बदलती है, वायुमंडल भी बदलता है, अंलकार तथा रूपक, उपमाएँ भी बदलती हैं, परन्तु उसकी मस्ती भरी, रहस्यामयी कैफ़ियत तथा आत्मिक दशा परिवर्तित नहीं होती। वह सदा स्थिर रहती है। मूलतः वह मस्ती का नमाज़ी है। तप, साधना, रियाज़त, बन्दगी तथा इबादत से वह आनन्दमयी मस्ती की ओर आता है तो उसका दुनिया तथा परमात्मा को देखने का दृष्टिकोण भी बदल जाता है। तब वह भोगवादिता से ऊपर उठ कर रुहानी आलम के शिखर की ओर बढ़ता है। बाह्य आवरण को छोड़ कर अन्तःआत्मा में डूबता है। वह कुरान मज़ीद को सिर्फ़ कठंस्थ करने की बजाए आयतों के आंतरिक भावों तथा अर्थो को ग्रहण करने लगता है। उसका यह परिवर्तन बहुत गहरे अर्थ रखता है। वह शराब तथा आवारापन को मन की धुलाई करने और आत्मा को निर्मल करने का उपाय समझता है। इस प्रकार शाह हुसैन पुरुषार्थ से सहज अवस्था की ओर अग्रसर हुआ।

एकेश्वरवाद

शाह हुसैन एकेश्वरवाद को मानने वाला है। वह परमात्मा को किसी देवी-देवता, पीर-पैगम्बर, वली-औलिया तक सीमित करके नहीं देखता। वह निर्गुण सन्तों-भक्तों की भांति ईश्वर, प्रभु, एक ही हस्ती, ब्रह्मा, जिस ढंग से पुकारे, लेकिन उसकी सिर्फ एक ही हस्ती एक ही अस्तित्व को स्वीकार करता है। अलग-अलग स्थानों पर इन्होंने प्रभु को जिन प्रचलित नामों से सम्बोधित किया है, वह इस प्रकार है—राम, हरि, हर, सांवल, वर, रब, अल्लाह, राँझा, साहिब, शहु, मउला या मौला, मालिक, दाता, भुगता, दिलबर, श्याम, वृन्दावन, साईं, ठाकुर, छैला, प्रभु आदि। उदाहरणार्थः—

– इक्के दिलबर सम छटि रविया, दूजा नहीं कदाईं
कहै हुसैन फकीर निमाणा, सतिगुरु तो बलि जाईं।
– कहै हुसैन फ़कीर निमाणा, तैं बाझहुँ कोई होर ना जाणा
तू ही दाना तू ही बीना, तू है ताण निताणी दा।

इश्क़

सूफ़ी साधना में इश्क़ की महत्ता को सर्व प्रमाणित माना गया है। सम्पूर्ण सूफ़ी मत इश्क़ की बुनियाद पर खड़ा होता है। परमात्मा के अलावा किसी और पर ध्यान न लगाना ही सूफ़ी मत है। सूफ़ी साधक परमात्मा की प्रेम-प्राप्ति के लिए प्रत्येक चीज़ का त्याग करने के लिए तत्पर रहते है। सूफ़ी साधक हर उस चीज़ से घृणा करते हैं जो परमात्मा के प्रेम में रुकावट बनती है। शाह हुसैन ने इश्क़ को फ़कीरी का आधार माना है। सूफ़ी साधक की टोहणी है। वह साधक अपने प्रीतम की याद में

सदा बेचैन रहता है, उसे सिर्फ अपने सुन्दर यार की तलब है—

इश्क फ़कीरां दी टोहणी
एह वसत अगोचर सोहणी
असां तलब तेरी है सोहणी
असां हरदम रब धिआवणा।

जिस दिल में इश्क़ का निवास हो जाता है, उसमें किसी और विचार या भावना के लिए कोई स्थान नहीं रह जाता।

जिथे आए वसिया मेरा प्यारा
ऊथै दूजा कोई ना समांवदा।

प्रेम-मार्गी सूफ़ी साधकों का मुख्य निशाना (मरकज़) रब है। उसके प्रेम में लीन होना ही उनका एकमात्र मक़सद होता है। यह एक प्रकार से निष्काम भक्ति है। एक प्रेमी के मन में अपने प्रेम आदर्श के लिए अपार प्यार होता है। प्रेमी के हृदय में प्रेम की तीव्रता तथा प्रचुरता को बयान करने के लिए शाह हुसैन कहता है कि रब के आशिक के हृदय में साईं की तलब इतनी शक्तिशाली होती है, जैसे नशाखोर को नशे की तड़प, कामी पुरुष के लिए काम वासना का आकर्षण तथा बादशाह के मन में राज्य सत्ता पाने की लालसा—

असल तलब साईं दे नाम दी
चोर करन नित चोरियाँ
अमली नूं अमल दीयां घोड़ियाँ
कामी को चिन्ता काम दी
असां तलब साईं दे नाम दी।

शाह हुसैन का इश्क़ नित्य नवीन है। उसकी आत्मा निरन्तर खुशी तथा आनन्द में डूबी रहती है। यह आनन्दमयी अवस्था कभी भंग नहीं होती। इश्क़ में एक सदाबहार ताज़गी है। इसलिए वह लिखते हैं—

इश्क फ़कीरा दा कायम दायम
कबहूँ न थीवै बेहा।

सूफ़ी फ़कीरों ने इस्लामी शरीयत को इसलिए मानने से इनकार किया, क्योंकि वह एक प्रकार का धार्मिक प्रतिबन्ध है, जिसकी पालना प्रत्येक सच्चे मुसलमान के लिए ज़रूरी है। यह बाहरी आवरण है तथा इसे कर्मकाण्डी अवस्था मानते हुए सूफ़ी साधक इसे इश्क़ के रास्ते की रुकावट मानते है, उनके लिए शरीयत एक निचली अवस्था मात्र है, जिसका उनके लिए कोई अर्थ नहीं रह जाता। सूफ़ीमत तथा इस्लाम

में यह मौलिक भेद है, जहाँ इस्लामी साधना समिष्टी प्रधान है, वहाँ सूफ़ी साधना वयिष्टी प्रधान है, जो बाह्यमुखी की बजाये अन्तर्मुखी है।

इश्क़ में मँझे हुए शाह हुसैन को भी शरीयत फ़ालतू नज़र आती है। वह शरीयत को छोड़ कर, मौलवियों से कहता है–

– बहु वे काज़ी दिल नहीं राज़ी
गलां होईआं तां होवण वालीआं
– इक पढ़दे हरफ़ कुरान
इक मसले करदे नाल जुबान
एह गल न हासी हेंह दी।

बिरहा (वियोग)

सूफ़ियों ने बिरहा को सर्वोत्तम माना है। उनका मानना है कि परमात्मा से बिछुड़ कर रुह (आत्मा) सदा के लिए बिरहा में तड़पने लगती है और बिरहा की आग में जलती है। असल में बिरहा ही सच्चे प्यार की पहचान है। बिरहा प्रेम का सौंदर्य है। शाह हुसैन बिरहा के महत्व को जानने के कारण इसे इश्क की सम्पूर्णता का मापदण्ड मानता है। बिरहा ने उसे नम्रता सिखायी। इसी वजह से उसके काव्य में दृढ़ता, गम्भीरता, अचलता तथा अन्यन्ता दिखायी देती है। उसमें काव्य में अपने शहु, प्रीतम, रांझण या श्याम को मिलने की तीव्रता प्रकट होती है। इस मकसद की प्राप्ति के लिए बिरहन आत्मा सभी प्रकार की मिन्नतें करती है। उदाहरणार्थः

मैं भी झोंक रांझण दी जाणा
नालि मेरे कोई चल्ले
पैरीयाँ पाऊदी मिन्नतां करदी
जाणा तां पिआ इक्कले
नदिओं पार रांझणा दा ठाणा
कीता कऊल ज़रुरी जाणा
मिन्नतां करां मल्लाह दी।

इश्क़ को पाने के लिए बिरहा की आग में जलने को वह इस प्रकार बयान करता है :

इश्क़ विछोड़े बाली ढ़ाढ़ी
हरदम मैंनूं तापे
सिक्कण दूर न थीवै दिल थीं
वेखण नूं मन तापे।

सूफ़ी काव्य में जीवात्मा तथा परमात्मा सम्बन्धी प्रेम तथा विरहा को प्रगट करने के लिए सूफ़ी कवियों ने भारी मात्रा में पंजाबी किस्सों के नायक-नायिकाओं के प्रेम-हवाले को अपनाया, जिनमें प्रमुख हीर-रांझा, ससी-पुन्नु, सोहणी-महीवाल तथा अन्य कई प्रेमी-प्रेमिकाएँ हुए हैं। परन्तु सूफ़ी काव्य में शायद सबसे पहले हीर-राँझा के प्रेम-हवाले को शाह हुसैन ने अपनाया। उसके बाद इनका प्रयोग आमतौर पर ही किया जाने लगा। शाह हुसैन की काव्य में इस इश्किया किस्से के पात्र बहुतेरे ढंग से नज़र आते हैं। उदाहरणार्थ–

– माही माही कूकदी नी मैं
आपे रांझण होई।
रांझण रांझण मैंनूं सभ को आखो
हीर न आखो कोई।
– मैड़ा दिल रांझण रावल मंगे
जंगल बेले फिरे दूंडेंदी।
रांझण मेरे संग।

दुनिया-नाशवान

सूफ़ी काव्य में दुनिया को चार दिनों का खेल-तमाशा कह कर सम्बोधित किया जाता है, जिसका अर्थ है कि यह दुनिया नाशवान है, अस्थिर है। जो जन्म लेता है उसका नाश, उसकी मृत्यु निश्चित है। मृत्यु को सदा याद रखना चाहिए। शाह हुसैन संसार की नश्वरता को चरखे के प्रतीक द्वारा प्रगट करता है। जुलाहा होने के कारण इस विचार को निबाहने में उन्हें महारत हासिल हुई रंगला चरखा, मुंते, घत्तण, पूर्ण, छली, तंद, तक्कला, गोहणा, दाज़, कपाह, अटेरन आदि शब्दों को सुन्दर रूपकों में प्रयोग किया है।

– चरखा मेरा रंलण रंगगुलाल
जेवड़ चरखा तेवड़ मुंने।
– नी सहीओ। मैं कत्तदी कत्तदी हुटटी
अत्तण दे विच गोहणे रुलदे
हथ विच रह गई जुटटी।
– निक्का कत्तदीऐं कुड़ीऐ कै नूं आप नूं
जेहा करसें तेहा पाऐ
दोष न माई बाप नूं।

इस संसार को छोड़ कर सभी को जाना पड़ता है। बाबुल की यह गलियाँ हमेशा के लिए सुनसान हो जायेंगी। साँसों की डोर टूट जायेगी। आदमी के अच्छे

कर्म तथा सद्भाव ही अल्लाह के दरगाह में उसके सहयोगी होते हैं।

– इक दिन तैंनू सुपना थीसन
गलीयाँ बाबल वालीआं वे
उड़ गये भऊर फूलां दे कोलौं
साणि पत्तर सणि डालीआं।
– शाह हुसैन फ़कीर रब्बाण
सो होसी जु रब्ब नूं भाणा
ओणक इथों उथें जाणा
इस वेले नूं पछोता सी।
– दरगाह विच सुहेली वतें
दाज़ रंगायो आप नूं
– निक्का कत्ते गुंझल न घतें
पहुँचिया लोणें पाक नूं।

अवगुणभरी जीवात्मा

शाह हुसैन स्वयं को अवगुण भरा, निमाणा (बेचारा) बदसूरत, प्रभु का गुलाम आदि बताता है। वह परमात्मा से आपने आपको पार ले जाने की विनती करता है–

– तारी वे रब्बा मैं औगुणहारी
– मेरे साहिबा मैं तेरी हो मुकीआं
मनहु ना विसारी मेरे साहिबा।

वह प्रभु के आगे स्वयं को पूर्ण समर्पित कर, अपने आपको साहिब के रंग में रंगा हुआ बयान करता है–

– मंदी हां कि चंगी हां
भी साहिब तेरी बन्दी हाँ ॥ ।॥ हाऊ।
गहिला लोक जाणहि दीवानी
मैं रंग साहिब दे रंगी हाँ।

हुसैन को अपने साईं पर पूरा भरोसा है :

– साईं जिन्हांदड़े वलि
तिन्हां नूं गम कैंदा वे लोका।
– साजन मेरा अखीं विच वसदा
मैं गलीऐं फिरां निशंगी हाँ

कहै हुसैन फ़कीर साईं दा,
मैं वर चंगे नाल मंगी हाँ।

भारतीय शास्त्रीय रागों का प्रयोग

बाबा फ़रीद के चार पद भारतीय शास्त्रीय रागों की बन्दिश में रचे हुए मिलते हैं' दो राग आसा में और दो राग सूही में। शाह हुसैन तक पहुँचते-पहुँचते पंजाबी सूफ़ी हलकों में भारतीय राग प्रसिद्ध हो गये होंगे। इसी कारण शाह हुसैन ने इतने सारे शास्त्रीय रागों को अपनाया, उदाहरण के लिए—श्री राग, गरुडी, माझ, आसा, आसावरी, गूजरी, देव गांधारी, बडहंस, सोरठ, धनासरी, जैजैवंती, तिलंग, सूही, बिलावल, गौड़, रामकली, तुखारी, किदारा, भैरऊ, भैरवी, बंसत, हिंडोल, सारंग, कानण आदि।

कुछ रागों के नमूने देखें—

राग कैदार

साजन तुमरे रोसड़े, मोहि आदर करै ना कोई
दुरि-दुर करन सहेलियाँ, मैं तुर तुर ताकऊ तोहि।

श्रीराग

तूं है ताण, तूं है बाणा, सभ किछु मेरा तूं
कहै हुसैन फ़कीर निमाणा, मैं नाहीं सभ तूं।

राग तिलंग

अमलां दे ऊपरि होग निबेड़ा, क्या सूफ़ी क्या भंगी। रहाऊ।
जो रब्ब भावै सोई थीसी, साई बात है चंगी
आपे एक अनेक कहावै, साहिब है बहुरंगी
कहै हुसैन सुहागणि सोई, जो शहु दे रंग रंगी।

राग धनासरी

कितु गुण लगेंगी शहु नू प्यारी। रहाऊ।
अंदरि तेरे कूड़ा वति गईओ ही, मूल ना दितीओ बुहारी।

शाह हुसैन ने लगभग पैंतीस भारतीय शास्त्रीय रागों में काव्य रचना की और यह सभी राग तकरीबन वही हैं जो आदिश्रीगुरुग्रंथ साहिब की वाणी में मिलते हैं।

इसी कारण से यह अनुमान लगाया जाता है कि शाह हुसैन ने उस पवित्र ग्रंथ में स्थान पाने के लिए इन रागों को अपनाया। कई विद्वानों का मत है कि शाह हुसैन अपनी रचना लेकर श्री गुरु अर्जुन देव जी से मिले भी थे। परन्तु यह सत्य प्रतीत नहीं होता क्योंकि आदिग्रंथ का कार्य 1604 में सम्पूर्ण हुआ जबकि शाह हुसैन का देहान्त 1539/1600 ई॰ में हुआ। चाहे शाह हुसैन की रचना को अन्य सन्तो-भक्तों की वाणी की तरह पवित्र आदिग्रंथ में शामिल होने का गौरव नहीं मिला, परन्तु उन जैसे सूफ़ी कवि को इस बात का कतई अफ़सोस नहीं होना चाहिए, क्योंकि उनकी प्रसिद्धि में कोई कमी नहीं आयी। वह आज भी सूफ़ी काव्य में एक मील-पत्थर माने जाते हैं, इसी कारण आने वाले समय तक वह सदा जीवित रहेंगे।

बोली और शैली

शाह हुसैन की बोली प्रमाणिक और व्यावहारिक है जिसमें मिठास, सादगी, सरलता, संयम और संकोच तथा बरसाती नदी जैसा वेग है। उनके शब्दों का चुनाव तथा सजावट अद्वितीय है। उन्होंने हिन्दू मत के नज़रिये तथा लफ़्ज़ों, मुहावरों से भी काम लिया। साथ ही अपनी बोली में मुल्तानी, लाहौरी तथा पोठोहारी, हिन्दी-फारसी के लफ़्ज़ों का इस्तेमाल किया।

हुसैन की मीठी, सीधी, मुहावरेदार लोक-भाषा लोगों में अत्यन्त लोकप्रिय हुई। उन्होंने अपनी उच्च भावनाओं को प्रकट करने के लिए शब्द तथा सामग्री आदि नित्य प्रति के जीवन से ली। उन्होंने गाँवों में बसे हुए लोगों के रोज़गार, काम-धंधों, हथियार, धंधों के इस्तेमाल किए जाने वाले शब्दों तथा घरेलू जीवन से सम्बन्धित शब्दावली का प्रयोग किया। उन्होंने हिन्दू-मुस्लिम सिद्धान्तों की परिभाषिक शब्दावली का इस्तेमाल कर सूफ़ी भावों को ईरानी कविता की भांति तलमीहात (ऐतिहासिक मिथक हवालों) का ज़िक्र कर कविता में किस्सा-काव्य तथा आध्यात्मिक काव्य जैसा स्वाद तथा रंग भर दिया। उन्होंने हीर राँझा, ढ़ोला मारु, मंसूर, सांवल, राम, मूसा आदि कई हवालों का ज़िक्र किया।

शाह हुसैन ने रूपक, उपमाओं, प्रतीकों, बिंबों, चिन्हों, संकेतों तथा अलंकारों का यथासम्भव प्रयोग कर शैली तथा शब्दावली को साहित्यिक रंगत प्रदान की। मुसलमानी तथा भक्ति मत की शब्दावली का प्रयोग शाह हुसैन की आध्यात्मिक तथा साम्प्रदायिक जानकारी तथा समझ की गवाही भरता है। भारतीय या हिन्दू आध्यात्मिक शब्दावली का इस्तेमाल शायद शाह हुसैन ने दूसरे अन्य मुस्लमान कवियों से ज़्यादा किया। उन्होंने इस्लामी सिद्धान्तों को सूफ़ी भावों में धुलने नहीं दिया। यह भी उनकी एक विशेषता मानी जाती है। शाह हुसैन की शब्दावली भक्तिमार्ग या संत मत जैसी

इतनी स्वाभाविकता से प्रयोग की गयी कि यह मुस्लमान कवि लगता ही नहीं, बल्कि संत मत का एक गुरमति-कवि लगता है। शाह हुसैन के ऊपर सिक्ख-परम्परा का गहरा प्रभाव था, इसलिए उनके काव्य में ऐसे काव्य-शब्दावली के अनेकों शब्द सहजता से दिखायी देते है-सतगुरु, सज्जण, शहु धनी, हरि, दसवें द्वार, नाम, भवसागर ध्यान, ज्ञान, सुरति, हुक्म, संयोग, कंत, मन, जाप, पाप, माया, महिमा, रामनाम, अस्थिर, साधसंगत, कूड़ पसारा,कूड़ी दुनिया आदि।

अरबी, फारसी शब्दावली वैसे ही पंजाबी के आदिकाल से इसमें घुल मिल गयी थी। जैसे-शादी, गति, फ़कीरी, तक्कबरी, मुर्शिद मीर, मुल्ला-काज़ी, ज़हमत अज़ाब, खस्माना, नेकी, बदी, इबलीस इज़राईल, दाना बीना, आदमी, मुर्दा, मलक, सुलताना आदि।

शाह हुसैन की बोली नहीं, मुहावरेदार कविता है। प्रत्येक काफ़ी तथा प्रत्येक पंक्ति में कोई न कोई केंद्रीय मुहावरा और एक न एक अटल सच्चाई या लोकोक्ति ज़रूर होती है। उदाहरणस्वरूप—समय पर पछताना, दाग़ लगना, जाग आना, हाथ मल-मल कर पछताना, दर-दर आवाज़ लगाना, उठ कर चलना, बर्फ़ चीरना आदि मूल तथा मौलिक मुहावरे उनकी पंक्तियों में प्रगट होते हैं।

इस प्रकार अनेक बोलियों तथा भाषाओं के सुयोग ने शाह हुसैन की बोली तथा शैली को क्लासिक, मध्यकालीन तथा आधुनिक रंगत दे दी। वह पंजाबी का सुन्दर आदि, सुनहरी मध्यकालीन युग तथा आधुनिक युग के दरवाज़े खोलती प्रतीत होती है।

काफ़ी

शाह हुसैन की सारी रचना काफ़ियों में है। शाह हुसैन की काफ़ियों को अध्ययन करने से पहले यह जानना ज़रूरी है कि काफ़ी क्या होती है? काव्य की किस विधा को काफ़ी कहा जाता है। शाह हुसैन की काफ़ियों की विस्तृत चर्चा करने से पहले संक्षेप में काफ़ी के बारे में समझ लेना चाहिए।

सूफ़ी काव्य में काफ़ी का वही स्थान है जो उर्दू, फारसी काव्य में ग़ज़ल का है। सूफ़ी अनुभव के लिए काफ़ी अत्यन्त सुयोग काव्य-भेद है। असल में भावों की तीव्रता तथा सूफ़ियाना अनुभव की सूक्ष्मता को सुन्दर और सौहार्दपूर्ण ढंग से ढाल कर पेश करने में जितनी महत्वपूर्ण काफ़ी उपयोगी सिद्ध होती है, उतना कोई और काव्य-भेद नहीं। दूसरे शब्दों में, रहस्य-अनुभूति की सूक्ष्म कोमलता, काफ़ी के शिल्प-विधान के उभरते हुए लक्षण, संगीतात्मकता से मिलकर मस्ती तथा हाल (दीवानगी) पैदा करने में पूरी तरह सफल होते है।

काफ़ी के शिल्प सम्बन्धी में विद्वानों में मतभेद है। कई विद्वान इससे काव्य-भेद मानते हैं और कई इसे एक रागिनी मानते हैं। किसी के अनुसार काफ़ी एक सरोदी रचना है जो कवि गाने के लिए रचता है। यह किसी भी राग में गायी जा सकती है किसी का मानना है कि काफ़ी छंद की खास जात नहीं है। सूफ़ी फकीर जो प्रेम भरे पद गाया करते हैं और जिन्हें बाद में सारी मंडली मुखिया के गाये पद को दुहराती है, वह काफ़ी के नाम से प्रसिद्ध है।

वास्तव में काफ़ी गीत का ही एक विशेष परन्तु विकसित रूप है। तीखा, भरपूर तथा भावों को उद्वेलित करने वाला संगीत इसकी प्रमुख विशेषता है। इसकी दूसरी विशेषता अध्यात्मिक या रहस्यात्मक अनुभूति है। यह लोक-समूह में गाये जाने वाली रचना है, इसलिए इसका शिल्प-विधान सरल होना चाहिए ताकि बात आसानी से सुनने वाले तक पहुँच सके। इसके अलावा इसका उद्वेग इतना तीव्र होना चाहिए कि सुनने वाला स्वाभाविक ढंग से मोहित हो जाये। संगीतात्मकता इसका सर्वोत्तम गुण है, क्योंकि यह कव्वालों के द्वारा गायी जाती है। इसमें संगीतात्मकता लाने के लिए आवश्यक है कि इसका आकार छोटा हो, बहिर छोटी बुनी जाए और प्रत्येक पद तीन-चार पंक्तियों से ज्यादा का न हो। इसमें स्थायी पंक्ति भी महत्वपूर्ण होती है, क्योंकि वह हरेक पद के बाद दुहाराई जाती है।

शाह हुसैन की काफ़ियों में संक्षेपता, सरलता तथा संगीतात्मकता—तीनों ही गुण विद्यमान हैं। इनकी संक्षेपता तथा सरलता इनकी बहुत बड़ी उपलब्धि मानी जाती है।

पंजाबी काव्य में काफ़ी पहले से विद्यमान है। श्री आदिग्रंथ साहिब में इस काव्य-रूप का प्रयोग किया गया है। काफ़ी के नमूने श्री अदि ग्रंथ साहिब में मौजूद है परन्तु उन काफ़ियों में दार्शनिक गम्भीरता प्रधान है। इनमें शाह हुसैन जैसी सरलता, उद्वेग, संगीत तथा मस्ती नहीं है। शाह हुसैन पहला सूफ़ी कवि है जिसने सूफ़ी अनुभव को दर्शाने के लिए पंजाबी कविता में काफ़ी को चुना, इसका शिल्प विधान रचा तथा स्थिर किया। इनकी सरलता तथा सादगी ने इन्हें जन-साधरण में मक़बूल बनाया। यही नहीं, उसकी काफ़ियों ने आने वाले सूफ़ी कवियों को एक आदर्श तथा प्रामाणिक माध्यम प्रदान किया, जिसका इस्तेमाल कर बुल्ले शाह आदि कवियों ने इसको एक विस्तृत अर्थ प्रदान किया।

काफ़ी में 'रहाऊ' का इस्तेमाल होता है। शाह हुसैन की काफ़ियों में 'रहाऊ' मिलता है। रहाऊ से भाव वह पंक्ति, जिसमें आने वाले भावों को संक्षेप तथा गहराई से गुप्त ढंग से प्रकट किया जाता है या पेश किये गये बयान का वर्णन किया जाता है।

शाह हुसैन की कुछ काफ़ियों में 'रहाऊ' की पंक्तियाँ आरम्भ में मिलती हैं।

उदाहरण के लिए—कानण मारु राग की काफ़ी में पहले एक पद है, फिर रहाऊ पंक्ति है—

बाबल गंढ़ी पाईआं दिन थोड़े पाए।
दाज़ विहूणी मैं चली मुकलाऊणे आए।।।
या मऊला या माऊला,
फिर है भी मऊला।।। रहऊ।

शाह हुसैन की काफ़ियों में काफी भिन्नता मिलती है। यदि किसी काफ़ी में ही 'रहाऊ' की पंक्ति का बाकी पंक्तियों से लय-ताल नहीं मिलता, जबकि बाकी काफ़ियों में यह लय-ताल मिलता है। एक काफ़ी में दो-दो पंक्तियों का लय ताल मिलता है, परन्तु रहाऊ की पंक्ति का लय-ताल इनसे नहीं मिलता। इसी प्रकार कई काफ़ियों में लय-ताल योजना में काफी अन्तर मिलता है। पंक्तियों की लम्बाई और मात्राओं की गिनती में भी काफी अन्तर है। कई स्थानों पर पहली पंक्ति छोटी और अन्तरा बड़ा रखा गया है और कई बार पहली और तीसरी पंक्ति को जोड़ कर और कई स्थानों पर पहली और चौथी पंक्ति को मिला कर भिन्नता दिखाई गई है।

शाह हुसैन ने अपनी काफ़ियों में पिंगल (काव्य-रचना, छंद-विधान का व्याकरण) के नियमों का कड़े से पालन नहीं किया। उसकी काफ़ियां विचार तथा भाव के वेग के पीछे चलती हैं, इसी कारण सम्पूर्ण प्रभाव में संगीत झलकता है। उसकी काफ़ियों में काफ़ीया (पंक्तियों के अंतिम शब्दों का लय-ताल में होना) मिलांने के लिए भी बहुत स्वतन्त्रता ली गई है, जैसे-ताज़गी-वाज़बी, आज़जी-जागदी, चुक्कियाँ-छुट्टियाँ, यारी-अनाड़ी, जमानी-विहानी, जहान-माण।

शाह हुसैन की काफ़ियों में अनेक वज़न तथा तोल देखने को मिलते हैं। इनमें से कुछ में बीस, अठ्ाईस तथा कुछ में इस से भी अधिक मात्रा के छन्दों का प्रयोग किया गया।

काफ़ी में प्रमुख पंक्ति का विशेष महत्त्व होता है। यह काफ़ी में बहुत बार दुहरायी जाती है। यह सारी काफ़ी में संचारशील रहने वाली मूल भावना या उसकी प्राणधारा या थीम को प्रगट करती है। यह स्वाभविक है कि प्रमुख पंक्ति ऐसी होनी चाहिए कि जो एक तरफ तो काफ़ी के सम्पूर्ण अर्थ के मूल भाव को प्रगट करती हो और दूसरी तरफ पाठक या श्रोता का ध्यान आसानी से खींच सके। इस अर्थ में शाह हुसैन की काफ़ियों में अधिक टेक या प्रमुख पंक्तियाँ देखने को मिलती हैं। जैसेः—

– वे गुमानीया दम ग़नीमत जाण
– वेला सिमरन दा उठ्ठी नाम धिआऐ।
– दिहु लथ्था हरट न गेण नी,
– जा जीवे ता ड़रदा रहु वे
– वे मैं औगुणआरी,
– साजण कारन मैं जुल्लीयाँ वे लोका
– तूं सालू सहिज़ हंढ़ाऐ लै नी
– हरि भज लें गाहक वैदां ई
– घर किथे ई समझ निधाना
– गोर निमाणी घर वे।

उपरोक्त टूकों के अध्ययन से एक बात साफ स्पष्ट होती है कि इन सभी में जिज्ञासा उत्पन्न करने या मूल भाव की ओर ध्यान आकर्षित करने की अद्भुत शक्ति विद्यमान है। इसी प्रकार यह भाव उत्तेजना की अनकही शक्ति रखती है। इसके अलावा इनमें काफ़ी के मूल भाव या थीम को भी स्पष्ट तथा सूत्र रूप में व्यक्त किया गया है। यह अपने सम्बोधित किये जाने वाले सुर के कारण ऐसे ही संगीतात्मक भाव तथा माहौल पैदा किये जाने का सामर्थ्य रखती है, जैसे-वे, नी, तूं, लोका, वो, यार, रब्बा, मेरे साहिबा, नी सहीओं आदि।

शाह हुसैन की काफ़ियों के छन्द विधान तथा विधान में एक बात और महत्त्वपूर्ण है कि वहाँ अभिव्यक्त किये गये भाव के अनुकूल होता है। काफ़ी का विषय यदि गम्भीर है तो छंद तथा लय में भी गम्भीरता नज़र आती है, यदि वह शोख़ तथा उलाहनामयी है तो छंद-चाल तथा लय में भी उसी अनुसार उतार-चढ़ाव होता है तथा छंद चाल में शिथिलता आती है। उदारहण स्वरूप निम्नलिखित काफ़ी का विषय दार्शनिक तथा गम्भीर है, इसलिए छन्द चाल में उतनी गति प्रतीत नहीं होती। गम्भीरता का प्रभाव प्रत्यक्ष है जो छन्द चाल से तीव्र हो गया हैः-

असां कित कूं सदावणा
घर बैठिआं मंगल गावणा।
असां टुक्कर मंग मंग खावणा
असां ऐहो कर्म कमावणा।
इश्क फ़कीरां दी टोहणी
एह वस्त अगोचर जोहणी
असां तलब तेरी है सोहणी
असां हरदम रब्ब धिआवण।

उपरोक्त के मुकाबले में निम्नलिखित पंक्तियों में रवानगी, संगीत तथा भाव इकट्ठे देखने को मिलते हैं:

मैनूं अंबणी जो आखदी कत्त नी
मैनूं भोली जो आखदी कत्त नी
मैं निज्ज कत्तण नूं सिखीआं
मैनूं लग्गीआं सांगा तिखीयां
मै पछूछी नूं मारां लत्त नीं।

शाह हुसैन की काफ़ियों में अभिव्यक्ति तथा संक्षेपता भी संगीत उत्पत्ति के दो प्रमुख साधन बने हैं। काफ़ी का उद्देश्य हृदय की वेदना या भावना की तीव्रता को व्यक्त करना है। इसलिए इसकी रचना का सीमित तथा छोटा होना स्वाभाविक लगता है। संक्षेपता, शाह हुसैन की काफ़ियों में भावात्मक शुद्धता तथा उत्कृष्टता का आधार है। उसकी काफ़ियों में बहुत कम पंक्तियाँ है। परन्तु इनमें भी विचार तथा कल्पना, दोनों में से भावों के वेग की प्रधानता मुख्यत है। इसलिए कहीं भी रुखापन दिखाई नहीं देता। उद्वेग की सघनता के अनुकूल ही काफ़ी का आकार है। वैसे भी इन काफ़ियों में कवि का दर्द उधार का नहीं बल्कि एक साधक की निजी वेदना तथा वैराग्य मिलता है। शाह हुसैन के व्यक्तित्व की सरलता, सहजता, मिठास, करुणा, सहृदयता, संवेदनशीलता स्वयं ही इन काफ़ियों में संगीत की भांति ढल गये हैं। इस दृष्टिकोण से शाह हुसैन की काफ़ियाँ सम्पूर्ण काफ़ी-साहित्य में आपना विशेष स्थान रखती हैं। उसकी यह निजी विशेषता उस की काफ़ियों में मिलती 'मै, हऊ, मेरा' आदि शब्दों से भी प्रगट होती है।

सन्दर्भ

1. पंजाबी सूफ़ी कवि दा इतिहास, लेखक गुरुदेव सिंह।
2. चोण्वां पंजाबी सूफ़ी कलाम, सं. बलदेव सिंह बद्दन, धर्मपाल सिंहल।

काफ़ियाँ-शाह हुसैन

1. राग बसंत

ऊथै होर न काई कबूल मीयां, गलि नेंहु दी। 1। रहाऊ।
इक लाए बिभूत बहिण लाइ ताड़ी, इक नंगे फिरदे विच उजाड़ी
कोई दर्द न छाती तेंह दी।1।
इक राती जागण ज़िक्र करेंदे, इक सरदे फिरदे भुख मरींदे
जाए नहीं ऊथे केंह दी। 2।
इक पढ़दे नी हर्फ़ कुरानां, इक मसले करदे नाल ज़बानां
इह गलि न हासी हेंह दी। 3।
कामल दे दरवाज़े जावैं, खैर नेंहु दा मंग लिआवैं
तां ख़बर पवी तिस थेंह दी। 4।
कहै हुसैन फ़कीर गदाई लक्खां दी गल ऐहा आही
तलब नेहीं नूं नेंहु दी। 5।

(काए-कोई; नेंहु-स्नेह, प्यार; बिभूत-राख; ताड़ी-समाधि; तेंह-उन्हें; ज़िक्र-नाम सिमरन करना; केंह-किसे; मसले-बहस, चर्चा; हासी-मखौल; मज़ाक; कामल-मुर्शिद; पूर्ण; हेह-गुमान; अकड़; सरदे-सड़कर; थेह-जगह मुकाम, पड़ाव; तलब-इच्छा, चाहत; गदाई-मंगता भिखारी; नेंही-आशिक; प्रेमी।)

व्याख्या–उसके द्वार/दरबार में सिवाए प्यार/स्नेह के, और कोई भी बात कबूल नहीं होती। रहाऊ।

कुछ लोग शरीर पर राख इत्यादि मल कर समाधि लगा कर बैठते हैं, जबकि कुछ लोग उजाड़, सुनसान स्थानों अर्थात् जंगलों, पहाड़ों, श्मशान-घाटों आदि जगहों पर नंगे घूमते हैं। उनके मन में प्रभु से बिछुड़ने का कोई दुख या पीड़ा नहीं होती।(1)

कुछ लोग रातभर जाग कर जाप या सिमरन करते है, कुछ भूख आदि के कारण रातभर दुख में घूम कर जागते हैं। प्रभु के पास इन सभी बातों के लिए कोई स्थान नहीं है। (2)

कई लोग क़ुरान या अन्य धार्मिक ग्रंथ पढ़ते हैं। फिर उस पर काफी चर्चा और बहस-मुबाहिसे करते हैं। परन्तु प्रभु को पाने के लिए यह सभी बाते इतनी आसान या मज़ाक की नहीं हैं, और न ही अपनी काबिलियत या लियाक़त की कि हम प्रभु सम्बन्धी चर्चा करने की सामर्थ्य रखते हैं, पर बड़ा गुमान या अकड़ दिखाई जाये। यह ऐसा काम नही है। (3)

यदि कोई किसी मुर्शिद या संपूर्ण व्यक्ति के पास जा कर प्रभु से प्यार करने की भिक्षा ले कर आये तो ही उसे उस मुकाम या पड़ाव की समझ आ सकती है।(4)

हुसैन फ़कीर जैसा भिखारी यही कहता है, लाख बातों की एक ही बात है कि प्रभु जैसे स्नेही को सिर्फ अपने बन्दों या भक्तों से स्नेह और प्यार की तलब या इच्छा होती है। (5)

अर्थात्—प्रभु-प्राप्ति के लिए न तो सुनसान स्थानों में घूमने या समाधि लगाकर बैठने की आवश्यकता है और न ही रात-रात भर जाग कर प्रभु के सिमरन में भूखे मरने की। न ही क़ुरान आदि पर ज़बानी-ज़बानी चर्चा करके अपनी समझदारी या लियाक़त का सबूत देने की। आवश्यकता है तो सिर्फ किसी पहुँचे हुए पूर्ण पुरुष या गुरु से प्रभु को प्यार द्वारा पाने की भिक्षा माँग कर लाने की। यह लाख बातों की एक बात है, क्योंकि प्रभु को सिर्फ अपने बन्दों का प्यार तथा स्नेह चाहिए अन्यथा कुछ नहीं।

2. राग बसंत

असां कितकूं शेख़ सदावणा, घर बैठिआं मंगल गावणा
असां टुकर मंग मंग खावणा, असां ऐहो कंम कमावणा। रहाऊ।
इश्क फ़कीर दी टोहणी, एक वसत अगोचर जौहणी,
असां तलब तेरी है सोहणी, असां हर दम रब्ब धिआवणा । 1।
असां होर ना किसे आखणा, असां नाम साईं दा भाखणा
इक तकीया तेरा राखणा असां मन आपणा समझावणा । 2।
असां अंदरि बाहिर लाल है असां मुर्शिद नाल प्यार है,
असां ऐहो वणज वपार है, असां जीव्वदिआं मरि जावणा। 3।
कोई मुरीद कोई पीर है, ऐह दुनिया सभ ज़हीर है
इक शाह हुसैन फ़कीर है, असां रलि मिलि झुरमटि पावणा। 4।

(कितकूं-किस लिए; शेख़-रुहानी गुरु; मंगल-खुशी के गीत; टुकर-रोटी; टोहणी-सोटी, खूँटी, आसरा; वसत-वस्तु, चीज़; अगोचर-अपहुँच, अगम्य; जोहणी-ढूँढ़ना;

खोजना; तलब-इच्छा, चाह; भखणा-कहना; जाप करना; तकीया-भरोसा, सहारा ; मुर्शिद-गुरु; मुरीद-चेला, शिष्य; जहीर-सयानी, समझदार; पीर-मददगार; झुरमटि-इकट्ठे होना, शोर मचाना।)

व्याख्या—हम किसलिए शेख़ कहलाये–। हम तो घर में बैठ कर मंगल-गीत (प्रभु-मिलन के गीत) गाना चाहते हैं। हम तो भिक्षा मांग कर खाने वाले हैं। प्रभु के गीत गाने के अलावा हमसे और कोई काम नहीं किया जाता। रहाऊ।

इश्क़ फ़क़ीरों का आसरा है, खूँटी है। इसी के सहारे हमने प्रभु के अपहुँच अगम मार्ग को ढूँढ़ना है। हमें सिर्फ़ उसी परमात्मा की सुन्दर इच्छा है, इसलिए हम हर समय प्रभु के ध्यान में मगन रहना चाहते है।(1)

हमें अन्य किसी से कोई लेना-देना नहीं हैं। हम सिर्फ़ प्रभु के नाम का जाप/सिमरन करना चाहते हं। सिर्फ़ उसी के नाम पर भरोसा रख कर ही हमने अपने आपको समझा लिया है।(2)

हम अन्दर-बाहर से एक ही लाल रंग से भरे हुए हैं। हमें अपने गुरु से बेइन्तिहा प्यार है। हमने सारी उम्र यही काम-धन्धा किया है। हम गुरु के प्यार में जीते-जी मर जाने को तैयार हैं। (3)

इस संसार में कोई किसी का पीर है, कोई किसी का चेला या शिष्य है। कहने का भाव है कि यह सारी दुनिया ही समझदारों से भरी हुई है। शाह हुसैन नामक फ़कीर का कहना है कि सभी सयानों ने मिल कर अपनी समझदारी का शोर डाला हुआ है।(4)

अर्थात्—शाह हुसैन की नज़र में शेख़ बनना कोई बड़ी बात नहीं है। वह शेख़ बनने की बजाय भिक्षा मांग कर खाने और प्रभु का गुणगान करने में ही स्वयं को सार्थक मानता है। उसके अनुसार, उसे इसके अलावा और कोई काम आता ही नहीं है। परन्तु प्रभु का मार्ग कठिन है, बहुत दूर, अप्राप्य है, जिसे फ़कीर इश्क़ की खूँटी या सहारे के तलाश करते हैं। उन्हें किसी और से कुछ लेना-देना नहीं, वह सिर्फ़ प्रभु का नाम जपते उसी पर भरोसा करते हुए अपने-आप को काबू में रखते हैं। उसके अनुसार, उसने सिवाय अपने गुरु को प्यार करने के इस जीवन में और कोई काम-धंधा या वाणिज्य व्यापार किया ही नहीं। स्वयं को खोकर प्रभु को पाना ही हमारा मक़सद है जिसके लिए जीवन जीते हुए भी खुद को मिटा देना है, भाव मर जाना है। काफ़ी की अन्तिम दो पंक्तियाँ व्यंग्यपूर्ण है। हुसैन के अनुसार, यह सारी दुनिया जहीन-समझदार लोगों से भरी हुई है। यहाँ पर कई पीर, मुर्शिद और शेख़ है और उनके चेले, शिष्यों की भी कमी नहीं है। मुर्शिद प्रभु का मार्ग बताते हैं, चेले

उनका अनुकरण करना चाहते हैं, परन्तु इन सभी के बताए मार्गों से प्रभु का सही मार्ग नहीं मिलता, क्योंकि हरेक का मार्ग भिन्न है जिस कारण शोर बहुत बढ़ता जाता है। दूसरे शब्दों में, लोग असल मार्ग से भटक जाते हैं, भटक रहे हैं, जबकि प्रभु-प्राप्ति का सही मार्ग इश्क़ ही है।

3. राग धनासरी

असां बहुणि ना दुनिया आवणा। 1। रहाऊ।
सदा ना फुलनि तोरियाँ। सदा ना लगदे नी सावणा। 1।
सोई कंम विचारि के कीजीऐ जी, जां ते अंत नहीं पछुतावणा। 2।
कहै हुसैन फ़कीर सुणायि कै, असां ख़ाक दे नाल समावणा। 3।

(बहुणि-फिर, दुबारा; फुलीन-फूली हुई; उगी हुई; लगदे-कभी-कभी बारिश न होना, सूखा पड़ जाना; जां-ताकि, जिस कारण, समावणा-मिल जाना, फ़ना हो जाना।)

व्याख्या—मनुष्यों ने फिर दोबारा इस दुनिया में वापस नहीं आना। (इस्लाम में पुनर्जन्म को मान्यता नहीं दी गयी है। वह इस संकल्प को स्वीकार नहीं करते।) इसलिए अभिप्राय यह है कि मृत्यु के बाद दुबारा मानव-जीवन सम्भव नहीं है। रहाऊ।

जिस प्रकार तोरियाँ या कोई भी सब्ज़ी-फल इत्यादि बहुत अच्छे ढंग से नहीं खिलती, उसी प्रकार सावन भी हरदम नहीं बरसता कई बार सूखा भी पड़ जाता है। (1)

इसलिए इस प्राप्त मानवी जीवन में हरेक काम को बहुत सोच-विचार कर और समझदारी से करना चाहिए, ताकि अन्त समय में पछताना ना पड़े। (2)

क्योंकि शाह हुसैन फ़कीर का कहना है, हम ने सदा के लिए मिट्टी में ही समा जाना है। (3)

अर्थात्—शाह हुसैन के विचारानुसार, मनुष्य को एक बार ही यह जन्म मिलता है, वह बार-बार इस दुनिया में जन्म लेकर नहीं आता। क्योंकि ज़रूरी नहीं हर बार उगने वाली वस्तु या पैदा होने वाली सब्ज़ी इत्यादि, ठीक ढंग से खिले ऋतु होने के बावजूद कई बार सावन नहीं बरसता। इसलिए अपने प्रत्येक कार्य को बहुत सोच विचार कर करना चाहिए ताकि आखिरी समय में पछताना ना पड़े। दूसरे शब्दों में, फिर मौका मिले न मिले। जो भी समय मिला है, मानवी जीवन प्राप्त हुआ है, उसका उसी जन्म में भरपूर फायदा उठाना चाहिए और जिस लक्ष्य के लिए मनुष्य को इस दुनिया में भेजा गया है, उसे प्राप्त करने के लिए ज़ोरदार कोशिश करनी चाहिए। क्योंकि मनुष्य ने अन्त में ख़ाक या मिट्टी में ही मिल जाना होता है।

4. राग धनासरी

असीं बुरीयाँ वे लोकां बुरीयाँ, कोल न बहु वे असी बुरीयाँ। रहाऊ।
तीरां ते तलवारां कोलों, तिखीयाँ नैणां दीयाँ छुरीयाँ।
सज्जण असाड़े परदेस सिधाणो, असीं विदिया कर के मुडीयाँ।
जे तूं तख्त-हज़ारे दा साईं, असीं सयालां दीयां कुडीयां।
कहैं हुसैन फ़कीर रबाणा, लग्गीयाँ मूल ना मुडीयाँ।

(सिधाणों-गये हुए; विदिया-विदा कर के; तख्त-हज़ारे-रांझे का गाँव; साईं-मालिक; सयाला-स्यालकोट, हीर का गाँव।)

व्याख्या–हम बहुत बुरी औरतें (जीवात्माएँ) है, हमारे पास किसी को नहीं बैठना चाहिए। रहाऊ।

तीर और तलवारों से ज्यादा लोगों की तीख़ी नज़रें तेज़ छुरियों के समान भेदती हैं।

लोग हमें इसलिए बुरा समझते हैं, क्योंकि हमारे पति (परमात्मा) परदेस चले गये है और हम उन्हें स्वयं विदा कर के इस शहर (दुनिया) में वापस आ गई हैं।

यदि हमारा प्रीतम तख्त-हज़ारे(राझे के गाँव) का रहने वाला है तो हम भी हीर के गाँव स्यालकोट की रहने वाली लड़कियाँ है।

रक़ब से जुड़ा फ़कीर हुसैन कहता है, जिसे इश्क़ हो जाता है, वह फिर अपने प्यार से मुँह नहीं मोड़ सकता।

अर्थात्–इस दुनिया में इश्क़ करने वालों को सदा ही बुरी नज़र से देखा जाता रहा है और जिस स्त्री का पति उसके पास न रहता है, उसे लोग बुरा समझते हैं और समझते है कि शायद स्त्री में ही कोई दोष है, जिस कारण पति इससे दूर है। मान्यता सामाजिक है परन्तु संकल्प आध्यात्मिक है। ऐसी स्त्री को लोगों की तेज़ छुरियों जैसी नज़रों का सामना करना पड़ता है। अर्थात् परमात्मा के बगैर जीवात्मा का जीवन मुहाल हो जाता है। लेकिन क्या किया जाये, जबकि जीवात्मा अपने प्रीतम को स्वयं ही विदा करके, स्वयं ही परदेस में छोड़ कर इस धरती पर आ गयी है। लेकिन जीवात्मा का परमात्मा से नाता हीर-रांझे के समान है। वह अधिक समय तक एक-दूसरे से दूर नहीं रह सकते, क्योंकि इश्क़ का नाता सदैव रहने वाला होता है। उसकी प्राप्ति मिलन में ही है।

5. राग रामकली

अहि निसि वसि रही दिल मेरे, सूरति यार प्यारे दी
बाग तेरा बगीचा तेरा, मैं बुलबुलि बाग़ तिहारे दी। 1। रहाऊ।
आपणे शहु नूं आप रीझावां, हाजति नहीं पसारे दी। 1।
कहै हुसैन फ़कीर निमाणा, थीवां ख़ाक दुआरे दी। 2।

(अहि-दिन; निसि-रात; शहु-पति, प्रीतम; हाजति-ज़रुरत; पसारे-फैलाव; थीवां-हो जाऊँ। निमाणा-बेचारा)

व्याख्या—मेरे दिल में दिन-रात से अपने प्यारे यार/प्रीतम की सूरत बसी हुई है। यह बाग़-बगीचा अर्थात् सारी दुनिया और इस के रंग तमाशे उस प्रीतम के हैं। और मैं अर्थात् जीवात्मा इस दुनिया रूपी बाग़ की सिर्फ़ एक बुलबुल हूँ। (रहाऊ)

अपने प्रीतम को मुझे स्वयं ही रिझाना या प्रसन्न करना होगा। इस दुनियावी रंग-तमाशे तथा राग-रंग के फैलाव की कोई आवश्यकता नहीं है।

बेचारा फ़कीर हुसैन सिर्फ़ अपने प्रीतम के द्वार की ख़ाक हो जाना चाहता है।

अर्थात्—चार पंक्तियों की इस छोटी सी काफ़ी में कवि शाह हुसैन कई भाव प्रस्तुत करता है। उसके अनुसार, उसके मन अंदर, उसके प्रीतम की सूरत बसी हुई है। वह अपने प्रीतम से मिलना चाहता है परन्तु यह दुनिया की माया, विभिन्न रंग, खुशियाँ उसे अपनी ओर खींचते हैं जबकि वह अर्थात् जीवात्मा एक बुलबुल की भांति इस दुनिया रूपी बाग में सिर्फ़ चहक सकती है, घूम फिर सकती है। वह इससे और कुछ प्राप्त नहीं कर है क्योंकि प्रीतम की प्राप्ति के लिए दुनियावीं राग-रंग काम नहीं आते। उसे प्राप्त करने या प्रसन्न करने के लिए स्वयं ही तैयार करना पड़ता है। यह तैयारी इस प्रकार की हो कि जीवात्मा का अस्तित्व ही मिट जाये। यह अस्तित्व प्रीतम के द्वार तक पहुँचते ही ख़ाक में मिल जाना चाहिए। प्रीतम से मिलन तभी सम्भव होगा अर्थात् अपने अस्तित्व को विलीन कर, मिट्टी में मिलाकर हमेशा के लिए मिट कर।

6. राग तिलंग

अत्तण में क्यों आई सां, मेरी तंद ना पईया काए
आउदियाँ उठि खेड़ण लग्गी, चरखा छड़िया वाए। 1। रहाऊ।
कत्तण कारण गोहणे आंदे, गइया बलेदा खाए। 1।
होरनां दीयां अणी अट्टीयाँ, निमाणी दी अणी कपाहि। 2।
होरनां कत्तियाँ पंज सत्त पूणीयाँ, मैं की आखांगी जाए। 3।
कहै हुसैन सुच्चजियाँ नारी, लैसन शहु गल लाए। 4।

(अत्तण-त्रिंजण (आंगन, जहाँ लड़कियाँ इकट्ठे बैठ कर चरखा कातती है) तंद-सूत की तार, काए-कोई भी, चाए-उठा कर, गोहणे-पूणियाँ, पूणी बनाने से पहले की स्थिति में रुई; बलेदा-बैल, बछड़ा, अणी-उलझ जाना, सुच्चजियाँ-गुणवंती, नारी औरतें, स्त्रियां।)

व्याख्या—मैं इस त्रिंजण अर्थात् दुनिया में आयी ही क्यों? जबकि मैंने यहाँ आकर कोई भी काम नहीं किया। मैंने त्रिंजण में एक भी धागा नहीं काता। यहाँ आते ही मैं सखियों के साथ मिलकर खेलने लगी और मैंने चरखा उठा कर एक ओर रख दिया अर्थात् जिस काम को करने के लिए जीवात्मा को इस संसार में भेजा गया, उसने उसी काम को ही पूरी तरह से भुला दिया और स्वयं इस दुनिया की चमक-दमक में डूब गयी। रहाऊ।

कातने के लिए मैं भी पूणियाँ साथ लायी थी, उसे बैल या बछड़े ने खा लिया। (1)

कुछ सखियों के पूर्ण कातते हुए धागे अटक गये परन्तु मेरी तो कपास या रुई ही उलझ गई। (2)

कुछ सखियों ने कुछ काम कर लिया और पाँच-सात पूणियाँ कात ली। परन्तु मैंने तो कुछ भी नहीं किया। मैं वापस जा कर क्या कहूँगी। (3)

हुसैन के अनुसार, गुणवंती स्त्रियों, जिन्होंने अपना काम सलीके से किया है, प्रीतम उन्हें ही अपने गले से लगायेगा। (4)

अर्थात्—इस काफ़ी में कवि शाह हुसैन जीवात्मा के इस धरती पर आने के मकसद सम्बन्धी विचार प्रस्तुत करता है। उसके अनुसार सभी मनुष्य इस दुनिया में आते ही अपने परमात्मा से मिलने के उद्देश्य को भूल कर दुनियावी खेल-तमाशों में ही स्वयं को भुला देते हैं। जो संस्कार या परमात्मा से मिलने की तड़प सम्बन्धी अंश उसमें मौजूद होता है मनुष्य की लापरवाही के कारण उसे कोई और निगल जाता है। इस प्रकार मकसद की शुरुआत जिस अंश से होनी चाहिए, वहीं अटक या खो जाता है। परन्तु जो मनुष्य इस दुनिया में आकर थोड़ा-बहुत भी परमात्मा के नाम को याद करते है। परमात्मा उन गुणवान मनुष्यों को ही अपने में समाता है। जबकि अन्य मनुष्य क्या कहेंगे कि उन्होंने दुनिया में जाकर क्या काम किया है।

7. राग कानड़ा

अनी सईऔ नीं, मैं कत्तदी कत्तदी हुट्टी,
अत्तण दे बिच गोहणे रूलदे, हथि बिच रह गई जुट्टी। 1। रहाऊ।

सारे वरे विच छल्ली इक कत्ती, काग मरेंदा झुट्टी। 1।
सेजे आवां कंत न चवां, काई वग्ग गई कलमु अपुट्ठी। 2।
भला भएआ मेरा चरखा भंना, मेरी जिंद अज़ाबो छुट्टी। 3।
कहै हुसैन फ़कीर साईं दा, सभ दुनिया जांदी डिट्ठी। 4।

(सईऔं-सखियों; हुट्टी-थक गयी; अत्तण-आँगन, त्रिंजण, गोहणे-पूणियाँ; जुट्टी-पूणियों का गोला; काग-कौआ; जुट्टी-झपट्टा मारना; आवा-पास आना, अपुट्ठी-उल्टी; अज़ाबो-दुख, शारीरिक कष्ट, डिट्ठी-देखी।)

व्याख्या–ऐ सखी, मैं कातते-कातते थक गयी हूँ। आँगन में त्रिछजंण में सभी जगहों पर पूनियाँ बिखरी हुई हैं, परन्तु पूनियों का गोला मेरे हाथ में ही रह गया है। अर्थात् इस दुनिया में काम करते-करते मैं अर्थात् जीवात्मा पूरी तरह से थक गई हूँ। आँगन में या इस दुनिया में अनेक प्रकार की वस्तुएँ और काम बिखरे हुए हैं, परन्तु मैं अन्य काम करते-करते इस कदर थक गयी हूँ कि मेरे हाथ में ही पूनी का गोला रह गया है। रहाऊ।

मैंने इतने सालों में सिर्फ़ एक पूनी को ढंग से काता है, जबकि कौआ लगातार उस पर झपट्टा मारने की कोशिश में लगा रहता है। (1)

मेरे इस निक्कमेपन की वजह से जब मैं अपने पति या परमात्मा के नज़दीक जाने की कोशिश करती हूँ तो वह मुझसे अपनी नाराज़गी ज़ाहिर करता है। मालूम नहीं मेरी किस्मत इतनी उल्टी या खराब कैसे हो गयी है। (2)

एक तरह से यह अच्छा ही हुआ जो मुझे मौत आ गई यानि मेरा चरखा टूट गया। कम से कम प्रीतम के वियोग की पीड़ा सहने से तो मेरी जान छूट गयी। (3)

फ़कीर हुसैन का कहना सही है, क्योंकि सारी दुनिया ही मौत के गर्त में जाती हुई नज़र आती है। (4)

अर्थात्–शाह हुसैन के अनुसार, मनुष्य इस संसार में आकर दुनिया के अन्य काम-धंधों में इतना उलझ जाता है कि उसे प्रभु के नाम का जाप करना एकदम भूल जाता है। वह इस दुनिया में मोह-ममता या अन्य विकारों के इतने काम फैला लेता है कि जब प्रभु- सिमरन की बात आती है तो थकावट के कारण वह काम पूरा ही नहीं हो पाता। इतनी उम्र में यदि कभी प्रभु-सिमरन किया भी तो उसे किसी-न-किसी ढंग अन्य लोगों या शारीरिक हरकतों से कौए जैसा कोई रोकने या झपट्टा मारने की कोशिश करता नज़र आता है। इस संसार में प्रीतम को हरदम भुला देने के कारण प्रीतम, मनुष्य रूपी स्त्री से दूर हो जाता है। उसका वियोग सहना कितना कठिन है, परन्तु यह उसकी किस्मत के काले लेख होने के कारण ऐसा होता

है। बहुत अच्छा हो जाता है जब मनुष्य की मृत्यु होती है क्योंकि मरने के बाद उसे परमात्मा के पास पहुँचना होता है। मौत से घबराने की ज़रूरत नहीं है, क्योंकि इस दुनिया में आकर सभी को वापस जाना है। दूसरे शब्दों में, परमात्मा के वियोग रूपी शारीरिक कष्टों से मुक्ति मृत्यु के रूप में प्राप्त होती है। कहने का तात्पर्य है कि दुनिया में आ कर मनुष्य परमात्मा से विमुख हो जाता है और फिर मृत्यु ही उसके शारीरिक दुखों का अंत कर उसे प्रभु के पास ले जाने का उत्तम कार्य करती है।

8. राग कानड़ा तिलंग

अनी जिंदे मैंडणीऐ, तेरा नलीयाँ दा वख्त विहाणा। 1। रहाऊ।
राती कत्ते, दिही अटेरें,गोशे लाइऔ ताणा। 2।
कोई जो तंद पई अव्वली साहिब मूल ना भाणा। 3।
चीरी आई ढ़िल ना काई, कीआ राजा कीआ राणा। 4।
कहै हुसैन फ़कीर साईं दा, डाढ़े दा राहु निमाणा। 5।

(जिंदे-जान, प्राण; मैंडणीऐ-मेरी; विहाणा-बीत गया; वख्त-वक़्त; गोशे-नुक्कर, कोना; अव्वली-खराब; गलत; साहिब-परमेश्वर, मालिक; चीरी-चिट्ठी; डाढ़े-सख्त, निमाणा बेचारी।)

व्याख्या–बेपरवाह रहने वाली मेरी जान ने, जब अमल करने अर्थात् अच्छे कर्म करने का वक्त था, उसे बेकार के कामों में ही बिता दिया यानि उम्र दुनियादारी के फिज़ूल कामों में व्यतीत हो गयी1।

यह पंक्ति रहाऊ की है, अर्थात् इसी पंक्ति में काफ़ी का मूल भाव निहित है। जो उम्र के बीत जाने से सम्बन्धित है।

रात के समय तू कातने लगती है और दिन में अटेरती है। कोनों में कर इसका धागा खींचना पड़ता है। अर्थात् रात के अंधेरे में प्रभु के नाम का जाप कर, दिन में कामकाज में प्रभु के सिमरन का समय नहीं मिलता। 2।

यदि इस दौरान कोई भी धागा गलत बन गया तो उसे मालिक का हुक्म समझ 4कर स्वीकार कर लेना चाहिए । 3।

जब मौत की चिट्ठी या संदेश आ गया तो फिर जान जाने में ज़रा भी देरी नहीं होती, चाहे कोई राजा हो या रंक। 4।

हुसैन फ़कीर का कहना है कि, सख़्त और बेपरवाह आदमी भी मरते समय बहुत बेचारगी महसूस करता है। 5।

अर्थात्–मौत का समय निश्चित है और उससे राजा-रंक किसी को भी निज़ात नहीं मिल सकती। इसलिए समय रहते ही प्रभु से नाता जोड़ लेना चाहिए।

9. राग तिलंग

अमलां दे ऊपरि होग निबेड़ा, किआ सूफ़ी किआ भंगी। 1। रहाऊ
जो रब्ब भावै सोई थीसी, साईं बाति हैं चंगी। 1।
आपे ऐक अनेक कहावे, साहिबु है बहुरंगी। 2।
कहै हुसैन सुहागनि सोई, जो शहु दे रंग रंगी। 3।

(अमलां-कर्मों, होग-होएगा; निबेड़ा-लेखा-जोखा; भावै-चाहेगा; साहिबु-मालिक; शहु-पति, प्रभु।)

व्याख्या–शाह हुसैन के अनुसार, प्रभु के दरबार में सभी मनुष्यों के कर्मों का लेखा-जेखा होगा, चाहे वह सूफ़ी हो या भंगी हो। 1। रहाऊ की पंक्ति।

अर्थात्–प्रभु के दरबार में सभी समान हैं, सिर्फ़ अपने कर्मों के आधार पर वह स्वर्ग-नर्क में भेजे जायेंगे।

जो उस प्रभु की इच्छा होती है, दुनिया में वही होता है और उसके चाहने से सदा अच्छा और भला ही होता आया है। 1।

वह (परमात्मा) स्वयं ही एक है और अनेकों में भी वही समाया हुआ है। (हमारा) मालिक सचमुच बहुरंगी है अर्थात् रंगों में उसकी कायनात को आसानी से समझा नहीं जा सकता। 2।

फ़कीर के अनुसार, वही असल सुहागिन है जो अपने पति के रंग में रंगी हुई है। अर्थात् उसी जीवात्मा का जन्म सफल है जो परमात्मा के नाम से जुड़ी हुई है। 3।

10. ढोला

आओ कुड़े रलि झूमर पाओ नी, आओ कुड़े रलि रामु धिआओ नी।
माण लै गलीआं बाबुल वालीआं
वति न खेड़ण देसीआं माऊ नी। 1। रहाऊ।
साड़ा जीऊ मिलण नूं करदा, सुंझा लोक बखीली मरदा
सानूं मिलण दा पहिलड़ा चाऊनी। 1।
सईआं वसनि रंग महल्ली चाऊ जिनां दे खेड़णि चल्ली
हथ अटेरन रहि गई छल्ली। दरि मुकलाऊ बैठे आओ नीं। 2।
ऊच्चे पिपल पीघाँ पईआं, सभ सईआं मिल झूटनि गईआं

कहै हुसैन फ़कीर निमाण
आपो आपणी गई लंघाऊ नीं । 3।
दुनिया छाड़ि आखर मर जाणा।
कदे तां अंदर झाति पाऊ नी। 4।

(कुड़े-लड़कियो; रलि-मिलकर; झूमर-नाच करें; वति-फिर; माऊ-माँ; सुंझा-खाली; बखीली-चुगली; चाऊ-चाव; रंगमहल्ली-शाही महल; रंगरलियां; मुकलाऊ-गौना।)

व्याख्या—आओ सहेलियो, लड़कियो, आओ सभी मिल कर नाचे-गायें। सभी मिल कर राम का नाम लें। अर्थात् राम का नाम जपना नाचने-गाने समान आनन्दमयी होता है।

बाबुल के इस घर यानि इहलोक की गलियों में आनन्द की प्राप्ति कर लें।

फिर यहाँ खेलने (नाचने-गाने) का मौका माँ नहीं देगी। अर्थात् जब ब्याह हो जायेगा तो मायके में की जाने वाली मौज-मस्ती का अवसर फिर से नहीं मिलेगा (रहाऊ)।

हमारा मन अपने प्रीतम से मिलने को करता है, परन्तु जिन लोगों को दुनियादारी के बेकार कामों के कारण फुरसत है, वह दूसरों लोगों से हमारे मिलन बाबत चुगली करते हैं, जबकि हमें अपने प्रीतम से मिलने का बड़ा ही चाव है। 1।

साईं तो शाही-महल में रहता है और मन उसके महल में खेलने को करता है। अर्थात् परमात्मा का घर किसी शाही-महल से कम नहीं, जहाँ आसानी से दाखिल नहीं हुआ जा सकता। परन्तु उस महल का आकर्षण खींचता है। उस महल में जाने के लिए हाथ में अपने कर्मों को बुनने वाला अटेरन ही है, और कुछ भी पास नहीं है। प्रीतम के घर में जाने के लिए जीवात्मा गौने के इन्तज़ार में दरवाज़े पर बैठी है परन्तु वहाँ जाने के लिए ज़रूरी सामान वगैरह पास नहीं है। 2।

ऊँचे पीपल पर सभी सहेलियों ने झूला डाला और सभी मिलकर झूलने लगी, परन्तु इस झूले को हरेक अपने ज़ोर और नीयत से ही और ऊँचा उठा सकता है। 3।

फ़कीर का कहना है कि दुनिया छोड़ कर आखिर में मर ही जाना है। इसलिए कभी तो अपने अंदर झांक कर देख लेना चाहिए। 4।

अर्थात्—इहलोक से परलोक जाना मायके से ससुराल जाने के समान है। जब तक इहलोक में है, तब तक इसमें राम-नाम की आनन्द-प्राप्ति हासिल कर लेनी चाहिए, क्योंकि एक बार यहाँ से जाने के बाद फिर यहाँ पर वापस आना सम्भव नहीं। (इस्लाम धर्म में पुनर्जन्म के संकल्प को स्वीकार नहीं किया जाता) इहलोक में ऊँची उड़ानें वही भर सकता है जिसकी नीयत साफ़ है अर्थात् वही दुनिया में भी

सुख-चैन से जी सकता है। दुनिया छोड़कर अन्त में सभी को जाना है, इसलिए अपने अन्तर्मन में प्रभु के नाम की लौ जला लेनी चाहिए।

'ढोला' शब्द 'पति' से सम्बन्धित होता है, और इसे ब्याह-शादी के समय गीत रूपों में गाया जाता है।

11. राग बसन्त

आख नी माऐ आख नी, मेरा हाल साईं अग्गे आखानी। 1। रहाऊ।
प्रेम दे धागे अंतरि लागे, सूलां सीता मास नी। 2।
निज जणेंदीए भोलीऐ माऐ, जण करि लाईओ पापु नी। 3।
कहै हुसैन फ़कीर निमाणा, जाणदा मउला आप नीं। 4।

(अंतरि-अन्दर; सूलां-शूल; जणेंदीऐ-जन्म देने वाली; मउला-परमात्मा।)

व्याख्या—मेरी माँ, परमात्मा के सामने मेरे हाल को बयान कर। 1। रहाऊ।

प्रभु के प्रेम का धागा अन्तर्मन में छुपा हुआ है, परन्तु वियोग (प्रीतम का) के कारण शरीर शूलों जैसा लगता है। 2।

कितना अच्छा होता माँ, यदि तूने मुझे जन्म ना दिया होता। मुझे जन्म दे कर तूने गुनाह ही किया है। अर्थात् न मेरा जन्म हुआ होता और ना मुझे परमात्मा से दूर रहने का वियोग सहन करना पड़ता। 3।

हुसैन फ़कीर मानता है कि बेहतर बात को मौला या परमात्मा ही जानता है। 4।

12. राग तुखारी

आगै नैं डूंघी मैं कित गुण लंघसां पारि। 1। रहाऊ।
रात अनेरी पंधि दुराड़ा, साथी नहिऔ नालि। 2।
नालि मूलाहि दे अण बणि होई, ओह सच्चे मैं कूड़ि विगोई
कै दरि करीं पुकारि। 3।
सभनां सईआं शहु राविआ, मैं रह गई बे-तकरारि। 4।
कहै हुसैन फ़कीर निमाणा, मैं रोनीआं वखति गुज़ारि। 5।

(नै-नदी, डूंघी-गहरी, लंधसा-गुज़रना, अनेरी-अधेरी, पंधि-रास्ता, दुराड़ा-दूर, कूड़ि-झूठा, विगोई-खो जाना, बे-तकरारि बिन बुलाए।)

व्याख्या—आगे जाकर नदी और भी गहरी हो जायेगी, मैं किस गुण या आदर्श के बल पर इसे पार कर सकूँगा। 1। रहाऊ।

दुनिया को भवसागर कहा जाता है, जो बहुत गहरा होता है। इसे पार करने के लिए अच्छे कर्मों या गुणों को होना अति आवश्यक होता है।

रात भी अँधेरी है और रास्ता भी काफी दूर है। डर इसलिए भी ज़्यादा लग रहा है, क्योंकि कोई भी साथी मेरे साथ नहीं है। 2।

इस नदी को पार ले जाने वाले मल्लाह के साथ मेरी अनबन हो गयी है, हालाँकि वे सच्चे हैं, परन्तु मैं ही झूठ और फरेब में खो गया हूँ। 'मल्लाह' से भाव गुरु पैगम्बर आदि से है जो परमात्मा के मार्ग की ओर ले जाने वाला होता है। झूठ में खोने के कारण मुझे समझ में नही आता, अब मैं किसके दरवाज़े पर जा कर गुहार लगाऊँ। 3।

सभी सहेलियों को प्रीतम ने अपने पास बुलाया, परन्तु मैं बिन-बुलाए ही रह गयी, क्योंकि मेरा कोई भी गुरु नहीं है। 4।

वक्त गुज़र जाने पर मैं अकेली बैठ कर रो रही हूँ। 5।

13. राग बिलावल

आप नूं पछाण बन्दे।

जे तुध आपणा आप पछाता, साहिब, नूं मिलण आसान बन्दे।
ऊँच्चड़ी माड़ी सुइने दी सेजा, हर बिन जाण मसाण बन्दे।
इथे रहिण किसे दा नाहीं, काहे कूं ताणहि ताण बन्दे।
कहै हुसैन फ़कीर रब्बाणा, फ़ानी सभ जहान बन्दे।

(पछाण-पहचान; तुध-स्वयं को; माड़ी- चौबारा; सुइने-सोना; मसाण-शमशान, फ़ानी-नाशवान।)

व्याख्या–ऐ मानुस! तू स्वयं की पहचान कर।

यदि तूने अपने आपको पहचान लिया तो परमात्मा से तेरा मिलन आसानी से हो सकेगा।

बेशक तेरे पास कितने भी ऊँचे महल और चौबारे क्यों न हों। तू सोने की बनी सेज पर ही क्यों न सोता हो इन सभी के बग़ैर तुझे आखिरी समय में शमशान जाना ही पड़ेगा।

इस दुनिया में सदैव किसी को भी नहीं रहना है। फिर क्यों मनुष्य यहाँ इतना फैलाव कर लेता है?

हुसैन फ़कीर रब्बा का बँदा कहता है, सारा जहान ही नाशवान है।

अर्थात्–मनुष्य यदि मौत को याद रखे ओर अपनी नीयत को स्वच्छ रखे, तभी उसका जीवन आसानी से कट सकता है। उसे स्वयं की पहचान करनी चाहिए

कि परमात्मा ने उसे किसलिये इस दुनिया में भेजा है और वह यहाँ पर आकर क्या कर रहा है?

14. राग आसावरी

आशिक होवे तो इश्क कमावैं। 1। रहाऊ।
राह इश्क दा सूई दा नक्का, तागा होवैं तां जावैं। 1।
बाहिर पाक अंदर आलूदा, किआ तूं शेख कहावें। 2।
कहै हुसैन जे फ़ारग थीवै, तां खास मरातबा पावैं। 3।

(नक्का-छेद; पाक-पवित्र; आलूदा-गन्दा; शेख-अच्छा मुसलमान; फ़ारग-बुराई छोड़ दे, मरातबा-पदवी।)

व्याख्या—यदि मनुष्य आशिक़ होगा तभी इश्क कमा सकता है। अर्थात् परमात्मा को पाने के लिए दीवाना तथा आशिक़ होने की ज़रूरत होती है, तभी इश्क़ कमाया जा सकता है। 1।

इश्क का रास्ता अत्यन्त कठिन होता है। बस यूँ समझ लीजिए कि वह सुई के बारीक छेद के समान होता है, जिसमें से सिर्फ़ धागा ही निकल सकता है। 1।

आमतौर पर लोग बाहर से पाक और पवित्र नज़र आते हैं, लेकिन अन्दर मैल से भरे होते हैं। ऐसे में वह शरई मुसलमान कहलाए जाने के क़ाबिल नहीं। 2।

यदि वह बुराई और गलत रास्ते छोड़ दे तो फिर परमात्मा के दरबार में खास स्थान या पदवी पाने के काबिल हो सकता है। 3।

15. राग आसावनी

आखर दा दम बुझि, वे अड़िआ। 1। रहाऊ।
सारी उम्र वंञाईआं ऐवे, बाकी रहीआं कुछ वे अड़िआ। 1।
दरि ते आइ लथ्थे वापारी, जैथों लीतीआं वस्तु उधारी।
जां तर थींदा ही गुझि वे अड़िआ। 2।
कहै हुसैन फ़कीर साईं दा, लुझि कुलुझि नालुझ वे अड़िआ। 3।

(आखर-अन्त, दम-सांस, प्राण; अड़िआ-जिज्ञासु, लथ्थे-उतरे वंञाईआं-फ़िजूल गंवाना, कुछ-थोड़ी, दरि-दरवाज़े वापारी-सौदागर, परमात्मा, वस्त-वस्तु, मानुस-जन्म, गुझि-रहस्य को समझना, लुझि-युद्ध-झगड़ा, कुलुझि-लड़ाई-झगड़ा ना करके, लुझ-झगड़ा करके।)

व्याख्या–ऐ मानुस, अपने आखिरी वक़्त के बारे में सोच! (रहाऊ) । 1 1

तूने सारी उम्र बेकार के कामों में गुज़ार दी, अब समय और उम्र कम ही बाकी रह गई है। यदि तूने अभी भी प्रभु के जाप में स्वयं को नहीं लगाया तो अभी से इसे अपना ले। 1 1

अब तेरे दरवाज़े पर सौदागर आ कर उतरे हैं, जिनसे तूने कुछ वस्तुएँ उधार ली थीं। अर्थात् आखिरी समय में परमात्मा के दूत मौत का संदेश ले कर आ गये हैं, जिनसे तूने इस मानुस-जन्म और साँसे उधार ली थीं। उधार ली हुई वस्तु को सदा ही लौटाना पड़ता है। इसलिए इन साँसों (बची हुई) को लौटाने की बारी आ गयी है।

अब तो इस जन्म-मरण के गूढ़ रहस्य को समझ ले। 2।

हुसैन फ़कीर का कहना है दुनिया के झगड़ों-झंझटों में न पड़ और जो उम्र का थोड़ा समय बाकी रह गया है उसमें अपना ध्यान परमात्मा की ओर मोड़ ले। 3।

16. राग कलिआन

आख़र पछोतावेंगी कुड़ीऐ, उठि ढ़ोल मनाए लै नी। रहाऊ।
सूहे सावे लाल बाणे, करि लै कुड़ीऐ मन दे भाणे। 1।
इक घड़ी शहु मूल ना भाणौ, जासणि रंग वटाऐ। 2।
किथे नी तेरे नालि दे हाणी, कल्लर विचि सभ जाइ समाणी
किथ्थे ही तेरी ऊहु जवानी, किथ्थे तेरे हुस्न हवाऐ। 3।
किथ्थे नी तेरे तुरकी ताज़ी, साईं बिनु सभ कूड़ी बाज़ी
किथ्थे नी तेरे सोएना रूपा, होए खाक सुआहि। 4।
किथ्थे नी तेरे माणक मोती, अहु देख जंझ तेरी आए खलोती
कहै हुसैन फ़कीर निमाणा, पऊ साईं दे राहि। 5।

(ढोल-पति, प्रीतम; बाणे-वस्त्र कपड़े; मूल-बिल्कुल; हाणी-मित्र; सखा, कल्लर-मिट्टी, क़ब्र; हवाऐ-गर्व; इच्छा, तुरकी-तुर्की घोड़े; ताज़ी-अरबी घोड़े रूपा-चांदी; माणक-मोती, जंझ-बारात।)

व्याख्या–आखिरी समय में ऐ लड़की (जीवात्मा) तू स्वयं पछतायेगी, इसलिए अभी भी समझदारी से काम ले और अपने पति (परमात्मा) को मना ले।(रहाऊ)

लाल सुर्ख और सुन्दर वस्त्र पहन कर, जिस तरह से तूं चाहती है अपना बनाव-शृंगार कर ले। दुनिया में रह कर मनुष्य अपनी मनमर्ज़ी ही करना चाहता है। 1।

परन्तु यदि शहु (परमात्मा) को यह सभी बनाव-शृंगार अच्छे ना लगे तो यह

सभी फीके पड़ जाएंगे। अर्थात् परमात्मा ऊपरी आडम्बरों से प्रसन्न नहीं होता। 2।

तू यह सोच तेरे साथ के मित्र और सखियाँ अब कहाँ पर हैं। सभी एक-एक करके क़ब्रों में या मिट्टी में जा समाए। तेरी वह जवानी और सुन्दरता भी कहाँ रही? धीरे-धीरे सभी कुछ खत्म होता जाता है अर्थात् इस दुनिया में सभी कुछ अस्थिर और नश्वर है, चाहे वह मित्र सखा हो अथवा जवानी और सुन्दरता हो। 3।

यदि तूं धनवान है तो तेरे अरबी और तुर्की घोड़े भी तुझे मौत से जीत हासिल नहीं करवा पायेंगे, क्योंकि प्रभु के बिना सभी जीतें और फ़तह झूठी और बेमानी हैं। इसी प्रकार तेरे हीरे-मोती, सोना-चाँदी इत्यादि सभी कुछ ख़ाक में मिल जायेंगे। 4।

तेरे वह गुण कहाँ है, जिनके आधार पर तू पति के घर जाने वाली थी, क्योंकि दरवाज़े पर तुझें ले जाने के लिए बारात आ गयी है। अर्थात् माणक-मोती से भाव गुणों और अच्छी नीयत से हैं जो मरते समय जीवात्मा के साथ जाते हैं। जब बारात दरवाज़े पर आ जाये तो दुलहन को विदा कराना ही पड़ता है, जो कि निश्चित है।

इसलिए हुसैन फ़कीर की बात मान ले। अपने साईं, परमात्मा के मार्ग को अपना ले। 5।

17. राग आसावरी

इक दिन तैनूं सुपना थीसनि, गलीआं बाबल वालीआं वे। 1। रहाऊ।
उड़ि गये भउर फुल्ला दे कोलों, सण पत्तरा सण डालीआं। 1।
जितु तनि लग्गी सोईं तनि जाणे, होर गल्लां करन सुखालीआं। 2।
रहु वे काज़ी दिल नहींऊ राजी, गल्ला होईआं तां होवणि वालीआं। 3।
सेयी रातीं लेखै पउसनि, जे नाल साहिब दे जालीआं। 4।
नाऊँ हुसैनां ते जात जुलाहा, गालआं देंदीआं ताणीआं वालीआं। 5।

(तैनूं-तुझे; थीसनि-लगेगी; भउर-भंवरे; कोलों-पास से; सुखालीआं-आसान; लेखै-लेखा-जोखा; पउसनि-पड़ेगी; साहिब-परमात्मा; जालीआं-गुज़ारना या बिताना।)

व्याख्या—इस काफ़ी में भी शाह हुसैन मनुष्य को इहलोक से परलोक जाने के मार्ग के लिए दिशा-निर्देश देते हुए समझाते हैं कि एक दिन तुझे (जीवात्मा) को यह संसार, जो उसके अपने बाबुल के घर के समान बहुत प्यारा लगता है, इसकी गलियाँ छोड़ कर जाने पर एक सपना बन कर रह जायेगी। अर्थात् जीवात्मा ने एक न एक दिन इस संसार को अलविदा कहना ही होता है। (रहाऊ।)

भंवरे जो फूलों के भीतर बन्द हो कर उनका रस चूसते है, फूलों के रसहीन होने पर उसे हमेशा के लिए छोड़ कर उड़ जाते है और फूल पत्तों और डालियों के

बावजूद एक दिन मुरझा ही जाता है। 1।

जिस मनुष्य को प्रभु से बिछड़ने का एहसास हो जाता है, वही फिर उससे मिलने के लिए तड़पने लगता है। अन्य लोगों को इस वियोग का अनुभव नहीं होता, इसलिए वे दुनिया के अन्य झंझटों में आसानी से खोये रहते हैं। 2।

धर्म की पैरवी करने वाले काज़ी या अन्य धर्मोपदेशकों की बातों से इस दिल को चैन नहीं पड़ता, क्योंकि वह प्रेम के मार्ग ले जाने की बजाये ज्यादा भटका देते हैं। उन्हें वह मार्ग बताना चाहिए, जिस पर चल कर परमात्मा से मिलन सम्भव हो सकता है। 3।

इस मार्ग को वह इस प्रकार बयान करते हैं कि जो रातें मनुष्य अपने प्रीतम की याद में जाग कर गुज़ारता है, वही उसे परमात्मा के निकट ले जाती हैं। 4।

बेशक मेरा नाम हुसैन है और मैं जाति का जुलाहा हूँ, इसका अर्थ है कि मैं परमात्मा को पाने के महान् कार्य को नहीं कर सकता। मुझे अन्य लोग इस बात के लिए ताने कसते और कोसते क्यों हैं? क्या छोटी जाति का होने से मैं इस कार्य के लिए अयोग्य साबित होता हूँ काफ़ी की आख़िरी पंक्ति में हुसैन अपनी ओर संकेत करते हुए बताते हैं।

परमात्मा के लिए सभी समान हैं। कोई भी जातिगत बन्धन या भेदभाव परमात्मा के मार्ग में रुकावट नहीं बन सकता। यदि अन्य लोग इस के ख़िलाफ़ बोलते है तो उसकी ओर ध्यान नहीं देना चाहिए। 5।

18. राग धनासरी

इकि दुइ तिन्न चारि पज्ज, छिइ सति असीं अठि नऊं। 1। रहाऊ।
चरखा चाइ सभ्भ घर गईआं, रही इकेली इकि हऊं। 1।
जेहा रेजा ठोकि बुणइऔ, तेही चादर ताणि सऊं। 2।
कहै हुसैन फ़कीर साईं दा, आइ दा, आद लगी हुणि छकि पऊं। 3।

(नऊं-अनन्त, चरखा-काम करके विदा हो गयी; रेजा-थान, कपड़ा; छकि-दहेज़।)

व्याख्या–एक दो तीन-चार अर्थात् अनन्त सहेलियां (अनेक जीवात्माएँ) यहाँ पर मौजूद थीं। (रहाऊ)। 1।

परन्तु अन्य सभी अपने हिस्से का काम करके या जीवन बिता कर इस संसार से विदा हो गयी। और मैं अकेली यहाँ पर बैठी रह गयी हूँ। 1।

यहाँ पर बैठ कर जिस प्रकार का कपड़ा मैंने चरखे के द्वारा बुना, वैसी ही चादर तान कर मुझे सोना पड़ेगा अर्थात् इस दुनिया में आकर मनुष्य जिस प्रकार के कार्य

करता है, वही उसके साथ रहते हैं। 2।

हुसैन के अनुसार, अपना दहेज़ मैंने स्वयं तैयार किया है, वहीं मेरे साथ जायेगा। अर्थात् मनुष्य के कर्म ही उसका दहेज़ है जिसे लेकर उसके परलोक जाना होगा। दुनिया में जो वह करेगा, वही उसके साथ जायेगा। 3।

19. राग रामकली

इक अर्ज़ निमाणिआ दी, सुणि जिंदू नी।
सुरत दा ताणा, निरति दा बाणा हरि-हरि पेटा, वुणि जिंदू नी। 1। रहाऊ।
काहे की झूरे ते झखि मारैं, रामु भजनु बिनु बाज़ी हारै
बीजिआ ही सो लुणि जिंदू नी। 1।
काहे गरबहिं देख जुआनी, तेरे जेहीआं कईआ खान-ख़वानी
कालि लईआं सभि चुणि जिंदू नी। 2।
कहै हुसैन फ़कीर गदाई, पछछी पूणी देहि लुटाई
शहु नूं मिलनी है हुण जिंदू नी। 3।

(अर्ज़-दरख़्वास्त, विनती, सुरति-प्रभु की याद, निरति-पभु में लीन होना, झख-बकवास, बाज़ी-खेल, मानुस-जन्म का खेल, लुणि-काटना, गरबहिं-गर्व, अभिमान करना; खान-खवानी-खानों के खान, अमीर, कालि-मौत, गदाई-फ़कीर, पछूछी--पूणीयों वाली टोकरी, छिक्कू)

व्याख्या–ऐ मेरी जान(जीवात्मा), मुझ बेचारे की एक अर्ज़, विनती सुन ले। तू प्रभु की याद का ताणा बुन, उसके नाम में लीन रह कर एक-एक पेटा चढ़ा। प्रत्येक काम को करते समय प्रभु के नाम को याद रख।

राम का भजन गाते हुए कोई भी बाज़ी हारी नहीं जायेगी। इसलिए बेकार ही अफ़सोस करना और परेशान होना छोड़ दे। जो तूने स्वयं बीजा है, काटना तो वही पड़ेगा। 1।

जो कर्म मनुष्य यहाँ पर करेगा, वैसी ही प्राप्ति होगी।

अपनी जवानी को देख कर अभिमान करना छोड़ दे। तेरे जैसे अनेकों-नेक अमीर लोगों को काल/मौत ने बख्शा नहीं। 2।

हुसैन फ़कीर यही कहता है कि अपनी पूर्ण देह को प्रभु के नाम में लुटा दे। यदि तूने प्रीतम से मिलना है तो स्वयं को मिटा दे।

20. राग तिलंग

इथ्थे रहणा नाही, कोई बात चलणु दी कर वो। 1। रहाऊ।
वड्डे ऊंच्चे महल उसारिऔ, गोर निमाणी घरु वो। 1। रहाउ।
जिस देही का तूं माण करेनैं ज्यों परछावें ढ़रु वो। 2।
छोड़ तिखाए पकड़ हलीमी, पै साहिब थीं ड़रु वो। 3।
कहे हुसैन हयाती लोड़े तां मरन थीं अग्गे मर वो। 4।

(इथ्थे-यहाँ, गोर-क़ब्र, निमाणी-बेचारी, ढ़रु-ढलना, तिखाए-तेज़ी, अंहकार, हलीमी-नम्रता हयाती-ज़िन्दगी।)

व्याख्या–यहाँ (इस दुनिया में) सदा के लिए नहीं रहना, इसलिए अब यहाँ से चलने की बात अब आरम्भ कर देनी चाहिए। (रहाऊ) अर्थात् जीवन नाशवान है और मौत के बाद यहाँ से चले जाना होता है। 1।

यहाँ पर मनुष्य रहने के लिए ऊँचे-ऊँचे महल, मकान बनाता है, जहाँ पर सदैव रहना नहीं होता जबकि कब्र में हमेशा के लिए सोना होता है(मौत के बाद), उस कब्र की हालत हमेशा खस्ता-सी बनी रहती है। 1। (रहाऊ)

जिस शरीर पर मनुष्य गर्व करता है, वृद्धावस्था में वह भी ढलना आरम्भ हो जाता है, जैसे परछाईं भी साथ छोड़ देती है। 2।

प्रभु के घर जाने के लिए तेज़ी-तुर्शी छोड़ कर नम्रता अख़्तियार कर लेनी चाहिये और प्रभु के डर को भी याद रखना चाहिए। 3।

फ़कीर हुसैन के अनुसार, यदि ज़िन्दगी चाहते हो तो मरने के लिए सदा तैयार रहो। 4।

21. राग तिलंग

इश्क फ़कीरा दा कायम दायम, कबहूं ना थीवे बेहा।
तैनूं रब्ब ना भुल्ली, दुआए फ़कीरां दी ऐहा। 1। रहाऊ।
होरनां नाल हंसदी खिंडदी शाहां तो घुंगट केहा।
शहु नाल तूं मूल ना बोलै, ऐह गुमान किवेहा। 1।
चारे नैन गड़ावड़ होऐ विच विचोला केहा
उछछल नदीआं तारू होईआं विच बरेता केहा। 2।
आप खानी है दुध मलीदा, शाहां नूं टुक्कर बेहा।
कहै हुसैन फ़कीर साईं दा, मर जाणा ते माणा केहा। 3।

(दायक-सदैव रहने वाला, स्थाई, अमर; घंगट-घूंघट, परदा; किंवेहा-कैसा, गड़ावड़-मिल गये; विचोला-बातचीत करवाने वाला; बरेता-रेतीला, मलीदा-साफ़; निर्मल।)

व्याख्या—परमात्मा से फ़कीरों का इश्क़ सदैव रहने वाली शय है। वह कभी भी बासी नहीं हो सकता। तुझे (मनुष्य को) कभी भी परमात्मा ना भूल जायें, फ़कीर तुझे यही दुआ देता है। (रहाऊ)

प्रभु से हमेशा इश्क़ करना ही अमर रहने वाली बात है। कोई फ़कीर यदि ये दुआ दे कि जीवात्मा को परमात्मा का प्यार न भूले तो यह दुआ सबसे बड़ी है और यह ज़रूरी भी है। 1।

आम लोगों से मनुष्य सदा प्रसन्न रहता है और उनके साथ-साथ हँसता-खेलता है, परन्तु परमात्मा के सामने जाने और उसके साथ खुल कर व्यवहार करने में जीवात्मा को शर्म महसूस होती है। प्रभु से बोलना, उससे कुछ न कहने का क्या अर्थ है? मनुष्य किस बात पर गर्व महसूस करता है। 1।

जबकि प्रभु से नज़रें मिला कर बातचीत करने या रिश्ता कायम करने के लिए किसी अन्य व्यक्ति या बिचौलिये की ज़रूरत नहीं होती। जैसे नदियों में तेज़ बहाव हो तो उसमें रेत सम्भव नहीं। अर्थात् जब मनुष्य का अन्तर्मन अपने प्रीतम के प्यार से भरा हो तो वह नदी के स्वच्छ जल-सा निर्मल होता है। उसमें रेत या कोई और मिलावट नहीं होती। 2।

स्वयं मनुष्य अपने खाने-पीने के लिए एक-से-एक बढ़िया पकवान और दुध-मलाई जैसे पदार्थ खाता है, परन्तु प्रभु के सामने वह सदा ही अपना रोना रोता रहता है। जब इस दुनिया से विदा ही होना और मौत अवश्यंभावी है तो फिर मनुष्य किस बात पर गरूर करता है, क्यों करता है। 3।

22. राग वड़हंस

ईवें गई विहाई कोई दम यादु ना कीता। 1। रहाऊ।
रही वणाई तणाए कोई गज़ पाड़ ना लीता। 1।
कोरा गई हंड़ाए, कोई रंगदार ना लीता। 2।
भरिआ सरू लीलाए कोई बुक झोल न पीता। 3।
कहै हुसैन गदाए चलदिआं विदा ना कीता। 4।

(ईवें-ऐसे हीं विहाई-बीत गयी, वणाई-बुनना, तणाए-ताना बुनना, कोरा-एकदम नया, बिना रंग के, सरू-तालाब, लीलाएँ-निर्मल, गदाए-फ़कीर।)

व्याख्या—सारी उम्र ऐसे ही, यूँ ही बीत गयी, एक पल भी (जीवात्मा) ने प्रीतम

को याद न किया। अर्थात् इहलोक में आ कर मनुष्य परमात्मा को एकदम ही भुला देता है। 1। रहाऊ।

ताना बुनते समय भी कोई ढंग का काम नहीं किया, किर्सी भी परलौकिक कार्य को अंजाम नहीं दिया। 1।

मनुष्य की आत्मा जिस प्रकार कोरी आई, उसी प्रकार ही रही और मनुष्य ने प्रभु के रंग में अपने आपको नहीं रंगा। 2।

परमात्मा की रहमत और कृपादृष्टि चारों ओर से बरस रही थी। परन्तु उसकी रहमत के सरोवर या तालाब में से बेपरवाह मनुष्य ने निर्मल जल की एक अंजुलि भी भर कर नहीं पी। अर्थात् इस सृष्टि में सभी ओर प्रभु की कृपादृष्टि की बरखा होती है, मगर अक़्सर ही लोग इस रहमत को नज़रअन्दाज़ करते हैं और इससे कोई फायदा नहीं उठाता। 3।

ऐसी जीवात्मा को किसी भी फ़कीर या महात्मा का आशीर्वाद प्राप्त नहीं होता और वह एकदम कोरी और अनछुए ढंग से ही कोई भी प्राप्ति हासिल बग़ैर इस दुनिया से विदा हो जाती है। 4।

23. राग बसन्त

ईवें गुज़री गालीं करदिआं, कुछु कीतो नाहीं सरदिआं। 1। रहाऊ।
तूं सुत्तों चादरि ताणि कै, तूं अमलि ना कीतिआ जीणि कै
रत्त रोसैं लेखा भरदिआं। 2।
जाए पुछो इन्हां वांढ़ीयां जिन्हां अंछर बलदी डाढ़ीआं
उन्नां अर्ज़ ना कीती डरदिआं। 3।
कहै हुसैन सुणए कै, पछुतासीं इथों जाए के
कोई संगि ना साथी मरदिआं। 4।

(गाली-बातें, रत्त-थोड़ा, रोसैं-राष, लेखा-कर्मो का फल, वांढ़ीआं-मुसाफिर डाढ़ीआं-लपेटना।)

व्याख्या–सारी उम्र सिर्फ़ बातें करते (फ़िजूल की) हुए गुज़र गयी। मनुष्य ने और कोई भी काम नहीं किया। 1। रहाऊ।

हर बात से बेख़बर मनुष्य चादर तान के सोता रहा। अच्छे कामों पर कोई अमल जान-बूझ कर नहीं किया। अब कर्मों का लेखा-जोखा माँगते समय जब गलत कार्य ही नज़र आ रहे हो तो यह जानकर मनुष्य को रोष महसूस होने लगता है। 2।

उन मुसाफिरों से जा कर पूछो जो परमात्मा के मार्ग के पंछी बने थे। अब कर्मों का लेखा-जोखा करते हुए ताकतवर दूतों से डर लग रहा है। डर के मारे उनके आगे अर्ज़ भी नहीं की जा सकती। 3।

हुसैन इस सच्चाई को पुकार कर कहता है कि, अब यहाँ से खाली हाथ जाते हुए पछताना पड़ रहा है और मरते समय कभी भी कोई संगी-साथी साथ नहीं देता। 4।

24. राग धनासरी

ईवें गुज़री राति, खेड़णि ना थीआ। 1। रहाऊ।
सभे जाती वड्डीआं निमाणी फ़कीरां दी जाति। 1।
खेड़ि घिन्नो खिड़ाऐं घिन्नों, थी गई परभाति। 2।
खड़ा पुकारे पातणी बेड़ा कवाति। 3।
शाह हुसैन दी आज़ज़ी काछ(काठ) कुहाणे वाति। 4।

(थीआ-हुआ; घिन्नो-लो; लेना, पातणी-मल्लाह; कवाति-बुरी दशा में; आज़ज़ी-बेचारगी की हालत, काछ-लकड़ी।)

व्याख्या—रात इस प्रकार बीत गयी कि कुछ भी मालूम न पड़ा और खेल भी बाकी रह गया। रहाऊ की इस पंक्ति का असल अर्थ यह है कि जीवन इस तरह से बीत गया कि दुनियादारी के काम भी पूरे न हो सके।

इस दुनिया के समाजों में सभी जातियाँ स्वयं को उच्च मानती है और अपने बड़प्पन को प्रकट कर दूसरों से अलग दिखाने का यत्न करती हैं, परन्तु फ़कीरों की जात सभी जातियों से नम्रता के मामले में नीची होती है। फ़कीर स्वयं को उच्च प्रकट करने की कभी कोई कोशिश नहीं करते। 1।

जबकि दूसरी जातियों के लोग इस संसार के मोह जाल में जकड़े माया, ममता, लालच, स्वार्थ आदि के खेल खेलने में इतने व्यस्त रहते हैं कि उन्हें मालूम ही नहीं हो पाता कि उनकी उम्र बीतती जा रही है और प्रभात के रूप में जाने, विदा होने की बेला आ गई है। 2।

आख़िरी समय में इस भवसागर से पार ले जाने वाला मल्लाह किनारे पर खड़ा हो पुकारने लगता है और बेड़ा बुरी हालत में नज़र आता है क्योंकि उसमें एक जैसे नज़रिये वाले ही मनुष्य भरे दिखाई देते हैं और उनके बोझ तले बेड़े की हालत खस्ता नज़र आती है। 3।

शाह हुसैन के अनुसार, बेचारगी का यह आलम होता है जैसे लकड़ी पर

कुल्हाड़ी पड़ने वाली हो। उस समय बचने का उपाय सोचना नासमझी की बात प्रतीत होती है। 4।

अर्थात्–जीवन की सँध्या में भी कई बार सँभलने का मौका नहीं मिलता, क्योंकि स्वार्थों और मनोविकारों के खेल मनुष्य को कुछ सोचने-समझने नहीं देते। मनुष्यों में फ़कीरों जैसी नम्रता होनी ज़रूरी है। आख़िरी समय में वही लकड़ी को कुल्हाड़ी से बचा सकती है।

25. राग तुखारी

सईओं मेरा माही तां आण मिलावो, काहलि होईआं घणी। 1। रहाऊ।
बाबल कोलों दाज़ न मंगदी, मऊ ना मंगदी मालों।
इकों रांझणि पलि पलि मंगदी, छुट्टे हीर जंजालों। 2।
रोंदी पकड़ बैठाई खोरे, जोरी दितीआं लावां।
खूनी खेड़े दे लड़ बध्धी, कूकां ते कुरलावां। 3।
करंग सबर रांझण दी सेवा, हीर सुपने मिलि मिलि आवे। 4।
रातीं भी कालीं ते महीं भी कालीआं, चरिआ लोड़नि बेले।
कहै हुसैन फ़कीर निमाणा, बिछुड़िआं रब्ब मेले। 5।

(सईऔ-सहेलियों; माही-प्रीतम; काहलि-जल्दी; धणी-सधन, बहुत; कोलों-से, जंजालों-मुसीबत से; बेले-दरिया किनारे का जंगल; लोड़नि-ढूँढना।)

व्याख्या–ऐ सहेलियों, मुझें मेरे प्रीतम से मिलवा दो। उससे मिलने के लिए मेरा मन तड़प रहा है और अब ये तड़प इतनी ज्यादा बढ़ गयी कि इन्तज़ार करना और सहन करना मुश्किल हो रहा है। (रहाऊ)

प्रीतम के पास जाने की मुझे इतनी जल्दी है कि मैं अपने पिता-माता से कोई भी दान-दहेज़ नहीं चाहती। मैं (जीवात्मा) सिर्फ अपने राँझे, अपने प्रीतम को पाना चाहती है ताकि हीर की सारी मुसीबतें खत्म हो जायें। जब हीर को उसका राँझा मिल जायेगा तो उसकी परेशानियाँ और झंझट खत्म हो जायेंगे। 2।

लेकिन हीर की पुकार किसी ने भी न सुनी और उसे ज़बरदस्ती वेदी पर बिठा कर खेडियों (हीर का ब्याह खेड़े से हुआ था।) से उसके फ़ेरे करवा दिये गये। खेड़े के साथ ब्याह दिये जाने के बाद हीर और भी रोने-पीटने लगी और अपनी किस्मत को कोसने लगी। 3।

अब हीर ने सब्र कर लिया और राँझे से सपने में मिल कर ही सन्तोष करने लगी। 4।

परन्तु रात भी काली थी और उसकी भैसें भी काली थी उन्हें वेले में चारा ढूँढने में दिक़्क़त होने लगी। इस पंक्ति में राँझा की ओर संकेत किया गया है। दोनों ही एक-दूसरे से बिछुड़ने के बाद अँधेरे में हाथ-पैर मारने लगे लेकिन उनके हाथ में कुछ नहीं आ रहा था।

फ़कीर हुसैन कहता है कि बिछुड़े हुए को भगवान स्वयं ही मिलवाता है। 5।

अर्थात्—इस काफ़ी में शाह हुसैन ने हीर-राँझा की प्रेम कथा को अध्यात्मिक आधार दे कर पेश किया है। हीर को सिर्फ राँझा ही प्रीतम रूप में चाहिए परन्तु जब दुनियादारी के अनेक चक्करों के कारण हीर को ज़बरदस्ती खेड़े से ब्याह दिया जाता है तो भी वह राँझा को भूलती नहीं और न ही खेड़े को पति रूप में स्वीकार करती है। दूसरी ओर राँझा भी हीर के बग़ैर भटकने लगता है। परन्तु काफ़ी का अन्तरिक अर्थ यही है कि यदि मनुष्य की लगन और प्यार सच्चा हो तो भगवान् उनकी मदद ज़रूर करता है और वह स्वयं बिछुड़े हुओं को मिलाता है। ईश्वर के प्रति प्रेम भी हीर-राँझा के प्रेम की भांति सच्चा और पवित्र होना चाहिए।

26. राग आसावरी

सज्जण दे गल बांह असाड़ी, क्यूं कर आखाँ छड़ वे अड़िआ।
पोस्तीआं दे पोस्त वांगू, अमल पएआ साड़े हड्ड वे अड़िआ।
राम नाम दे सिमरन बाझों, जीवन दा की हज्ज वे अड़िआ।
कहै हुसैन फ़कीर साईं दा, साहिब दे लड़ लग्ग वे अड़िआ।

(पोस्तीआं-नशेबाज़; हड्ड-रगों, हड्डियों; अमल-नशा; साहिब-प्रीतम।)

व्याख्या—अपने प्रीतम के गले में मेरी बाँह (कलाई) है। मैं क्यों चाहूँ कि वह उसे छोड़ दे? जब मैं अपने प्रीतम के संग ही रहना चाहती हूँ तो मैं उसे क्यों कहूँ कि वह मेरी कलाई परे कर दे?

मुझे नशेबाज़ के नशे की भांति प्रीतम के प्रेम का नशा हो गया और इस नशे ने मेरे शरीर तथा हड्डियों में अपनी जगह बना ली है।

राम-नाम के जाप के बग़ैर जीवन जीने का कोई आनन्द भी नहीं है। यह नशा भी है और इस नशे से जीवात्मा छुटकारा भी पाना नहीं चाहती।

प्रभु के समीप रहने का एक ही नायाब तरीका है और वह है कि अपने प्रीतम से नाता जोड़ ले। तभी जीवन सफल हो सकता है।

27. राग आसावरी

सज्जण दे हथ्थ बांह असाड़ी क्यूं कर आखां छड़ि वे अड़िआ। 1। रहाऊ।
रति अंधेरी बद्दल कणीआं, बाझ वकीलां मुश्किल बणीआ,
डाढ़े कीता सड़्डि वे अड़िआ। 1।
इश्क मुहब्बत सेई जाणनि, पई जिन्नां दे हड्ड वे अडिआं। 2।
कल्लरि खटि ने खूहड़ी, चीणा रेति ना गड्डि वे अडिआं। 3।
निति भरेना ऐ, छट्टियां, इक दिन जासे छड्ड़ि वे अडिआ। 4।
कहै हुसैन फ़कीर निमाणा, नैण नैणां नाल गडडि वे अडिआ। 5।

(वकीलां-मुर्शिद; कामिल, डाढ़े-सख़्त स्वभाव वाले; सड़डि-बुलाया; कल्लरि-कल्लरि कली ज़मीन; खटि-खोदना; चीणा-एक प्रकार भी ज्वार; छट्टिआं-बोरे।)

व्याख्या—प्रीतम के हाथ में मनुष्य की कलाई है अर्थात् मनुष्य को परमात्मा का ही सहारा होता। है। फिर कैसे उस सहारे को छोड़ देने के लिए कहा जाये। रहाऊ। 1।

रात अंधेरी है और बादलों के कारण बूँदाबाँदी भी हो रही है। ऐसे मुश्किल समय में प्रीतम के मार्ग पर अकेले चलना मुश्किल नज़र आता है। इसलिए किसी मार्गदर्शन करने वाले मुर्शिद की ज़रूरत महसूस होती है, क्योंकि जब भगवान् का बुलावा आ जाये तो भक्तजनों को उसके पास जाने के लिए टालमटोल नहीं करनी चाहिए। वैसे तो परमात्मा बहुत दयालु है परन्तु कभी-कभी अपने भक्तों की परीक्षा लेते समय सख़्ती भी बरतता। है। 1।

परमात्मा से इश्क़-मुहब्बत की बात सिर्फ़ वही जान सकते हैं, जिन्होंने इश्क़ किया हो ओर इश्क़ जिनके रग-रग में समा चुका हो। 2।

बंजर ज़मीन को खोदने की कोशिश न कर, और उस में चीणा बीजने की ज़िद न कर। अर्थात् मन के साथ ज़बर्दस्ती करके उससे कुछ हासिल नहीं किया जा सकता। 3।

इस संसार से रोज़ाना अनेक प्रकार के सुख-पदार्थ भरने और ले जाने की कोशिश करता है मनुष्य। एक दिन सभी कुछ यहाँ पर छोड़ कर चल देना पड़ेगा। 4।

इस संसार से विदा लेते समय कोई संपत्ति या पदार्थ साथ नहीं जायेंगे, सिर्फ मुहब्बत से भरे नैन ही उसका मार्ग प्रशस्त करेंगे जो परमात्मा के प्रेम से भरे होंगे। 5।

28. राग आसावरी

सज्जण बिन रातीं हुईआं वड्डीआं।
मास झड़े झड़ पिंजर होइया, कण-कण होईआं हड्डियां
इश्क छुपाईआं छुपदा नाहीं, बिरहों ताणवां गड्डीयां।
राँझा जोगी मैं जुगिआणी, कमली कर कर सद्दीआं।
कहै हुसैन फ़कीर साई दा, दामन तेरे लग्गीआं।

(कण-कण–पुर्ज़ा पुर्ज़ा; बिरहा-वियोग; जुगिआणी-जोगन; दामन-पतला।)

व्याख्या–साजन के बिना वियाग की रातें बहुत बड़ी लगती हैं। बिना प्रीतम यह रातें बीतती ही नहीं।

वियोग के कारणर शरीर का माँस झड़ गया, बल्कि पिंजर सा हो गया। हड्डियाँ भी टूटती हुई चकनाचूर हो गयी हैं।

इश्क की बात छुपाने पर भी छुपती नहीं है, क्योंकि बिरहा का ताना हर तरफ से तना हुआ है। यह इश्क़ अपने प्रीतम से जीवात्मा का है और वियोग भी उसी के कारण व्याप्त है।

यदि राँझा जोगी है तो मैं (मनुष्य/जीवात्मा) जोगन हूँ।

वह अपने प्रीतम को पुकार-पुकार कर दीवानी हुई जा रही है।

फ़कीर हुसैन का कहना है, मेरा (जीवात्मा का) दामन अपने साईं से जुड़ गया है, अब इससे दूर रहना सुहाता नहीं। प्रीतम के वियोग में शरीर सूखता जाता है, परन्तु मन अपने प्रीतम को पुकारने में ही सुख प्राप्त करता है।

29. राग देवगंधारी

सज्जणा असीं मोरीऔं लंघ पइआसे।
भला होइआ गुड़ मक्खीआं खाधा, भिण भिणटों छुटिआसे। 1। रहाऊ।
ढंड़ पुराणी कुत्तिआं लक्की, असीं सरवर माहि धोतआसे।
कहै हुसैन फ़कीर साई दा, असीं टप्पण टप निकलिआसे। 2।

(मोरीऔ-छेद; सुराख(चश्मा); छटिआसे-छूट गये; ढंड-मंवर; लक्की-पीलिया; सरवर-तालाब; निकलिआसे-बच के निकल आना)

व्याख्या–इस काफ़ी में शाह हुसैन उस अवस्था का ज़िक्र करते हैं, जब जीवात्मा, परमात्मा के मिलन के मार्ग में काफी आगे निकल आती है और मिलन में ज़्यादा दूरी नहीं रह जाती।

ऐ साजन, तुझे पाने के लिए हम भवसागर को पार कर आये हैं। अच्छा हो गया कि गुड़ को मक्खियों ने इतना अधिक खा लिया कि अब मिठास कम हो जाने से उनकी भिनभिनाहट से छुटकारा मिल गया। अर्थात् किसी वस्तु की अहमियत खत्म हो जाने से उसके प्रति आकर्षण समाप्त हो जाता है, जब प्रभु से प्रेम की इच्छा इतनी बलवती हो जाए और उस मार्ग पर ही मनुष्य बढ़ता जाये तो फिर दुनिया के सुख उसे आकर्षित नहीं करते और इस आकर्षणहीनता को वरदान समझता है। 1। रहाऊ।

कुछ लोग कुत्तों की भांति सागर के भंवर में फंसे रहते हैं परन्तु प्रभु के मार्ग के राहगीर उस दुनिया रूपी भंवर से आसानी से भीगकर भी निकल जाते है।

हुसैन फ़कीर का कथन है कि, प्रभु के प्रेमपाश मे जकड़े मनुष्य बड़ी आसानी से हर मुश्किल को पार कर अपने प्रीतम के द्वार पर जा पहुँचते हैं।

30. राग तुखारी

सज्जणा बोलण दी जाए नाहीं।
अंदर बाहर इक्का साई, किस नूं आख सुणाईं।
इक्के दिलबर सभ घटि रविआ, दूजा नहीं कदाईं।
कहै हुसैन फ़कीर निमाणा, सतिगुरु तो बलि जाईं।

(इक्क-एक ही; दिलबर-प्रीतम; घंटि-स्थान; रविआ-समाया हुआ; कदाईं-कोई और, बलि-कुरबान।)

व्याख्या—ऐ साजन तुझे पुकार-पुकार कर सुनाने की कोई ज़रूरत भी नहीं है। इस तरह बोलना फ़िज़ूल है।

जब अन्तर्मन और बाहर की दुनिया में एक ही साईं, एक ही परमात्मा का निवास है तो किसे कह-कह कर सुनाना है। सारी कायनात में, कण-कण में वही समाया हुआ है। उसके अलावा किसी और का अस्तित्व है ही नहीं।

इसलिए शाह हुसैन निमाणा (विनम्र) फ़कीर का कहना है, सर्वव्यापी, शक्तिमान सत्गुरु की अनन्तता और विशालता से वह क़ुर्बान हो जाना चाहता है।

इस्लाम धर्म में एकेश्वरवाद को अपनाया जाता है। सिर्फ़ अल्लाह को अशफ़्क मख़्लूकात (सम्पूर्ण-सर्वव्यापी) माना जाता है। अन्य धर्म भी परमात्मा के अनन्त स्वरूप को मान्यता देते हैं। उसी अनन्त स्वरूप को सभी मनुष्यों में देखा जा सकता है। उपरोक्त काफ़ी में परमात्मा के उसी सर्वव्यापक अस्तित्व की चर्चा की गई है।

31. राग बसन्त

सदके मैं वंझ उन्ना राहां तों, जिनि राहीं सो शहु आया ही। 1। रहाऊ।
पछछी सट्‌ट घत्तां भरडांदी कत्ताणि तो चिंति चाइआं ही। 1।
दिल विच चिणग उठ्ठी हीरे दी राझण तख्ति हज़ारिओं धाईआं ही।
कहै हुसैन फ़कीर निमाणा, मऊले, दोस्त मिलाईआ ही। 3।

(वंझ-जाऊँ, शहु-प्रीतम, पछछी-छिक्कू, टोकरी, सट्‌ट-फेंक घत्तां-दूँ, चिति-मन, चाईआं-उठ गया, चिणग-चिंगारी, मऊले-मौला, मुर्शिद, दोस्त-रब्ब, परमात्मा, मित्र।)

व्याख्या—मैं उन रास्तों से बलिहारी जाऊँ, जिन राहों पर मेरा प्रीतम चल कर आया है। (रहाऊ)। परमात्मा को पाने के अनेक रास्ते हैं, परन्तु जिन रास्तों पर मुर्शिद ले जाते हुए मार्गदर्शन करता है, वही रास्ता अति उत्तम प्रतीत होता है। 1।

जब मैंने प्रेम का मार्ग अख़्तियार कर लिया तो दुनियावी कामों और पदार्थों की टोकरी ज़ोर से फेंक देने का मन करता है और उन कामों को करने का उत्साह स्वयं ही खत्म हो जाता है। 1।

जब हीर के दिल से आवाज़ आयी या उसे अचानक राँझे के आने की अन्देशा हुआ तो वह सभी कुछ छोड़ कर वहाँ पहुँच गयी जहाँ राँझा तख़्त हज़ारे से स्यालकोट आ रहा था। 2।

प्रीतम से मिलवाने का करिश्मा सिर्फ मौला, परमात्मा स्वयं ही करता है। उसी की इच्छा और मर्ज़ी होने पर ही कोई मनुष्य परमात्मा के नज़दीक जाने का साहस कर पाता है। 3।

अर्थात्—इस काफ़ी में भी शाह हुसैन उस अवस्था का वर्णन करते हैं, जब मनुष्य में परमात्मा को पाने की इच्छा इतना ज़ोर पकड़ने लगती है कि वह स्वयं ही दुनिया के सभी सुखों और मोहजाल के बन्धनों से मुक्त होकर अपने प्रीतम भी याद में अपना जीवन गुज़ारने का फैसला कर लेता है।

32. राग तिलंग

सब सखीआं गुणवंतीआं, वे मै अवुगणिआरी। 1। रहाऊ।
भै साहिब दे परबत डरदे, वे मैं कऊण विचारी। 1।
जिस गल्ल नूं शहु भेजिआ ई वो, सो मैं बात विसारी। 2।
कहै हुसैन फ़कीर निमाणा, छुट्‌टां करे सत्तारी। 3।

(गुणवंतीआं-गुणों से भरपूर, अवगुणिआरी-अवगुण से भरी, विसारी-भूल गयी, सत्तारी-कृपादृष्टि।)

व्याख्या–मेरी सभी सखियाँ गुणवान हैं, परन्तु मैं अनेक अवगुणों से भरी हुई हूँ। (रहाऊ)।

स्वयं को महान् और दूसरों से बेहतर समझने की बजाए अपने में कमियों और अवगुणों को देखना चाहिए। यह फ़कीर होने की भी एक शर्त होती है। 1।

परमात्मा के भय से तो पर्वत भी कांपते हैं, मुझ जैसे तुच्छ जीव की औक़ात ही क्या है? अर्थात् सारी सृष्टि उसी परमात्मा के इशारे पर चलती है और सभी उसके भय से थर-थर कांपते हैं। 1।

जिस काम के लिए परमात्मा ने मुझे (मनुष्यों) को इस धरती पर मानुस जन्म देकर भेजा था, मैंने (हमने) वहीं बात भुला दी है और प्रभु के सिमरन के बजाय दुनिया के अन्य राग-रंगों में मस्त हो गये। 2।

अब मैं उस प्रभु से इल्तिज़ा करती हूँ कि वह मुझ पर अपनी कृपादृष्टि बनाये रखे ताकि मैं अपनी भूल को सुधार सकूँ। 3।

33. राग ललित

सभ वल छाड़ के तूं इक्को वल्ल होए।
वल वल दे विच कई वल पैंदे, इक दिन देसी रोऐ। रहाऊ।
औखी घाटी, बिखड़ा पैढ़ा, हुण ही समझ खलोए।
छोड़ि तक्कबर पकड़ि हलीमी, पवीं तढ़ाहि सोऐ।
कड़किन कप्पड़ सहु दरिआवां, थीऊ मुहाणा बेड़ी दोऐ।
कहैं हुसैन फ़कीर निमाणा, जो होणी सो होऐ।

(वल-टेढ़ा, वल्ल-ओर, बिखड़ा-कठिन, पैढ़ा-रास्ता, तक्कबर-अंहकार, हलीमी-नम्रता, तढ़ाही-तभी तो; सोऐ-मालूम, कप्पड़-बाढ़ की गूंज, मुहाणा-किनारा।)

व्याख्या–सभी टेढ़े-मेढ़े रास्तों को छोड़ कर तूँ (जीवात्मा) एक ही दिशा, एक ही ओर के मार्ग को अपना ले। इन टेढ़े-मेढ़े रास्तों पर चलते हुए और भी कई पगडंडियाँ निकल आती हैं और मनुष्य सही रास्ते से भटक जाता है। इस भटकाव के कारण तुझे एक दिन रोना पड़ सकता है। (राहऊ)

राहऊ की इस पंक्ति का अर्थ यह है कि प्रभु तक पहुँचने के लिए अनेक धर्म और सम्प्रदाय है। उन धर्मों में भी अनेक मत, मतांतर, और शाखाएँ निकल आती हैं, जिस कारण अक्सर लोग असल मंज़िल पर पहुँचने से पहले भटक जाते हैं। इन भटकावों के बीच पता ही नहीं चलता कि सारी उम्र में उन्होंने कुछ भी प्राप्त नहीं किया, इसलिए अन्त समय में वह रोने लगते हैं। यह हताशा होने की अवस्था की ओर संकेत करता है।

प्रभु तक पहुँचने का मार्ग वैसे कभी अत्यन्त कठिन है। मुश्किल और तंग घाटियों और कंटीले रास्ते को देख कर मनुष्य की मति वैसे भी मारी जाती है।

इस मुश्किल रास्ते को पार करने का आसान तरीका यह है कि मनुष्य अपने अंहकार को छोड़ कर नम्रता को अपना ले। फिर इस मार्ग पर चलना आसान हो सकता है।

बेशर्म यह रास्ता इस प्रकार का है जैसे दरिया या सागर में तेज़ लहरों के साथ बाढ़ आने की सम्भावना बढ़ जाने से जिस प्रकार की हलचल और शोर सुनायी देने लगता है अर्थात् मनुष्य को ऐसी विकट परिस्थितियों के लिए तैयार रहना चाहिए। परन्तु यदि मल्लाह समझदार और अनुभवी हो तो वह बेड़ी को संभाल कर किनारे तक ले जाता है। यहाँ पर मल्लाह के रूप में मुर्शिद या गुरु की ओर संकेत किया गया है। उसके दिशा-निर्देश से मुरीद कठिन रास्तों को पार कर प्रभु के द्वार तक जा पहुँचते है।

आख़िरी पंक्ति में भी हुसैन अपने गुरु के बड़प्पन को प्रकट करते हुए कहते है कि एक बार स्वयं को गुरु के हाथों में सौंप कर निश्चिन्त हो जाओ, जो होना होगा, वह होकर ही रहेगा। गुरु पर पूर्ण यकीन मुरीद को उसकी मंज़िल तक अवश्य ही पहुँचा देता है।

34. राग धनासरी

समझ निदानड़ीऐ, तेरा वैंदा वख्त विहांदा। 1। रहाऊ।
ऐहि दुनिया दुई चारि दिहाड़े, देखदिआं लद जांदा। 1।
दऊलति दुनिआं माल खज़ीना, सँगि ना कोई लै जांदा। 2।
मात पिता भाई सुत बनिता, नालि ना कोई जांदा। 3।
कहै हुसैन फ़कीर निमाणा, बाकी नाम साईं दा रहंदा। 4।

(निदानड़ीए-नासमझ, मूर्ख; विहांदा-बीतता जाता है, खजीना-खज़ाना, संगि-साथ, सुत-पुत्र, बनिता-पत्नी, रहदा-रहता।)

व्याख्या–ऐ नासमझ मानुस! तेरा समय बेकार ही बीतता जाता है। (रहाऊ)।

अर्थात्–मनुष्य दुनिया के कामों में उलझ कर अपना कीमती समय बर्बाद करता जाता है। (1)

इस दुनिया में मनुष्य का जीवन स्थायी नहीं है। इस प्रकार समझो कि यहाँ मनुष्य ने चार दिनों तक रहना है, उसके बाद उसने यहाँ से चले जाना है और यह जीवन और समय इतना छोटा होता है कि यह देखते-देखते ही निकल जाता है। (1)

यहाँ से जाते हुए दौलत, संपत्ति, खज़ाना इत्यादि जो भी भौतिक पदार्थ इकट्ठे किए होते हैं, वह सभी कुछ इस दुनिया में ही रह जाता है। मनुष्य के साथ कुछ भी नहीं जाता। अर्थात् यहाँ रहते हुए मनुष्य जिन पदार्थो को इकट्ठा करने में अपना सारा जीवन निकाल देता है, वही अन्त समय में उसके साथ कहीं नहीं जा सकते, इस प्रकार वह सभी पदार्थ व्यर्थ होते हैं। (2)

दुनिया में मनुष्य अनेक प्रकार के रिश्तों से जुड़ता है। मोह-ममता के जाल में जकड़ा जाता है। अपनी पत्नी, पुत्र, भाई आदि रिश्तों के लिए जान न्योछावर करने के लिए तैयार रहता है, परन्तु यह रिश्ते-नाते भी उसका अन्त समय में साथ देने में असमर्थ रहते हैं। अंततः मनुष्य को नितान्त अकेले ही इस संसार से कूच करना पड़ता है। (3)

हुसैन के अनुसार, अन्त समय तक जो मनुष्य के साथ रहता और उसके साथ जाता है, वह साईं का नाम-सिमरन होता है। वही उसे इहलोक से परलोक सरलता से ले जाता है। इसलिए मनुष्य को चाहिए कि वह प्रभु के जाप में ही स्वयं को अर्पित कर दे। वही नाम स्थायी सिद्ध होता है और अन्त तक साथ निभाता है। (4)

35. राग आसा

साईं जिनांदड़े वल्ल तिन्नां नूं, ग़म कैंदा वे लोका। 1। रहाऊ।
सेई भलीआं जो रबु वल आईआं, जिन्नां नूं इश्क चिरोका वे लोका। 1।
इश्के दी सिर खारी चाईआ, दर-दर देनीआं होका, वे लोका। 2।
कहे हुसैन फ़कीर साईं दा, लध्धा ही प्रेम झरोखा वे लोका। 3।
साईं जिनांदड़े वल्ल, तिन्नां नूं ग़म कैंदा, वे लोका।
हो मै वारी, ग़म कैंदा, वे लोका। 4।

(कैंदा-किसका, सेई-वहीं, खारी-टोकरी, लध्धा-मिला, झरोखा-खिड़की)

व्याख्या—परमात्मा जिन लोगों अर्थात् अपने भक्तों की ओर ध्यान देता है तो उन को कैसा ग़म या दुख हो सकता है रहाऊ। अर्थात् जिन लोगों पर प्रभु की कृपादृष्टि हो जाती है, वह लोग सारे ग़मों, परेशानियों से ऊपर उठ जाते है।

जो भगवान् की ओर जुड़ जाते हैं, वह भले लोग कहलाते हैं, उन्हें परमात्मा से इश्क़ हो जाता है। 1।

परमात्मा के इश्क़ में खोये लोग अपने चेहरे, अपने कार्यो से प्रगट हो जाते हैं कि वह प्रभु में रंग में रंगे हुए हैं। वह प्रभु के इश्क़ का ऐलान जगह-जगह पर करते हैं। 2।

हुसैन फ़कीर को इसी प्रकार लोगों, प्रेम का झरोखा मिल गया। 3।

प्रभु जिनके सिर पर हाथ रख दे, उन्हें कैसे दुख पहुँच सकता है मैं अपने साई की बलिहारी जाता हूँ जो अपने भक्तजनों के दुख हर लेता है। 4।

36. राग झिंझोटी

साईं तो मैं वारीआं वो, वारीआं वो वार ढ़ारीआं वो।
चुप्प करां तां देवन ताअने, जां बोलां तां हारीआं वो। 1। रहाऊ।
इकनां खन्नी नूं तरसावें, इकु वंड़ि-वंड़ि देंदे नी सारीआं वो। 1।
इकना ढ़ोलु कलावे नी सईऔं इक कंतां दे बाझ बिचारीआं वो। 2।
अऊगुणिआरी नूं को गुणि नाहीं, निति ऊठी करदी जारीआं वो। 3।
कहै हुसैन फ़कीर साईं दा, फ़ज़ल करै तां मैं तारीआं वो। 4।

(खन्नी-आधी रोटी, ढ़ोलु-प्रीतम, कलावे-गलबहियाँ, जारीआं-रोना-कुराहना, फ़ज़ल-कृपा, बख़्शीश।)

व्याख्या—अपने साईं, प्रीतम की मैं बलिहारी जाती हूँ, बार-बार, अनेकों बार। यदि मैं चुप हो जाऊँ तो लोग मुझे इस बात के ताने देते हैं कि मैं (जीवात्मा) परमात्मा का कभी गुणगान नहीं करती। यदि मैं बोलने पर आ जाऊँ और परमात्मा की प्रशंसा करने लगूँ तो वह मुझसे हारने लगते हैं। मुझे समझ में नहीं आता कि मैं किस प्रकार परमात्मा से अपने प्रेम का इज़हार करूँ? (1) (रहाऊ)

कुछ लोग आधी रोटी को तरसते हैं, और कुछ लोगों को परमात्मा की ओर से भर-भर कर खाने को मिलता है। 1।

कुछ सुहागिनों को उनके पति अपनी बाहों में या गलबहियों में रखते हैं और कुछ को अपने पति का साथ प्राप्त नहीं हो पाता। (2)

अवगुणभरी स्त्री में एक भी गुण नहीं है, लेकिन वह अपनी नासमझी जाने बग़ैर हर समय रोती-कलपती रहती है। 3।

यदि किसी पर भी परमात्मा की कृपादृष्टि हो जाये तो जीवात्मा हर दुख से पार पा जायेंगी। 4।

अर्थात्—इस काफ़ी के शाह हुसैन परमात्मा की बख़्शीश की चर्चा करते हैं कि उसकी कृपादृष्टि सभी लोगों पर समान रूप से बरसती है परन्तु उससे अनभिज्ञ रहने वाले लोग इस बख़्शीश को पूर्ण रूप से अपना नहीं पाते। इसलिए कुछ लोग अपनी ग़रीबी या दुखों भरे जीवन के लिए परमात्मा को दोषी मानते हैं और कुछ लोग उससे बलिहारी जाने या कुर्बान होना चाहते हैं। कई बार कुछ लोग थोड़े से अन्न के लिए तरसते हैं और कुछ लोग अपनी ओर से भी बाँटते रहते हैं। रोते-कराहते लोगों को

यह बात समझ में नहीं आती कि वह अपने अवगुणों और कमियों के कारण दुख भोगते हैं, परन्तु वह अपनी किस्मत का सारा इल्ज़ाम परमात्मा पर थोपते हैं। इसलिए हुसैन का कहना है कि यदि मनुष्य में समझदारी हो और वह परमात्मा की कृपादृष्टि को समझ सके तो उसका जीवन सफल हो सकता है।

37. राग हिंडोल

साईं बेपरवाहि, मैंड़ी लाज तौ परि आई।
चहुं जणिआं तेरी डोली चुकी, साहुरड़े पहुँचाई। 1। रहाऊ।
तंदु तुटी अटेरन भन्ना, तक्कुलड़े वल पाइआ।
भऊंदिआं चऊंदिआं छल्ली कत्ती, छागु पइआ लै जाई। 2।
राति अंधेरी गलीऐं चिक्कड़ु, मिलिआ यार सिपाही।
कहै हुसैन फ़कीर निमाणा, ऐह गल सुझदी आही। 3।

(भन्ना-तोड़ना, भऊंदिआं-घूमते-फिरते, कागु-कौआ 'शैतान'।)

व्याख्या–मेरा साईं (प्रीतम) बहुत ही बेपरवाह है और यहाँ मेरी लाज पर मुसीबत आ गयी है। चार लोगों ने मेरी डोली उठायी और ससुराल में पहुँचायी। रहाऊ। अर्थात् जब प्रीतम का ध्यान अपने भक्तों की ओर न हो तो मनुष्यों की जान आफ़त में पड़ जाती है। चार लोग कंधे पर उठा कर डोली (अर्थी) ससुराल तक पहुँचा देते हैं। (1) रहाऊ

मौत आने पर जीवन-तान इस प्रकार टूट जाती है, जैसे कातते हुए धागा टूट गया हो। इसलिए गुस्से के कारण चरखा तोड़ने का जी करता है। सारी उम्र चरखे का जो काम अर्थात् (दुनिया के झंझट और कार्य) घूमते-फिरते हुए करते रहे, जिनमें समझदारी कम होती है, परन्तु उस प्राप्ति को कोई कौआ यानि शैतान आसानी से ले जाता है। 2।

परमात्मा के घर तक जाने का रास्ता बहुत कठिन है, क्योंकि रात अंधेरी है और जाने वाला रास्ता कीचड़ से भरा हुआ है। इस दुरूह रास्ते पर कोई यार सिपाही मिल जाये तो रास्ता आसानी से कट सकता है। यार सिपाही से अर्थ मार्गदर्शन करने वाले से है जो गुरु या मुर्शिद हो सकता है।

हुसैन फ़कीर का कहना है कि ऐसे समय में यही बात सूझती है और यह सही भी है। मुर्शिद के बग़ैर प्रभु तक पहुँचना आसान नहीं है। 3।

38. राग किदारा

साजन रुठड़ा जांदा वे, मैं भुलीआं वे लोका।
साजनि मैंडा वे मैं साजनि दी,
साजण कारन मैं जुलीआं वे लोका। 1। रहाऊ।
जे कोई साजण आणि मिलावे, बंदी तिस दी अनुमुलीआं वे लोका। 2।
कहे हुसैन फ़कीर साईं दा, साईं मिले तां मैं फुलीआं वे लोका। 3।

(रुठड़ा-नाराज़, जुलीआं-जाना, अनुमुलीआं-अनमोल, फुलीआं'बेहद खुश होना।)

व्याख्या—मेरा प्रीतम मुझसे नाराज़ होकर जा रहा है, मुझसे बहुत बड़ी गलती हो गयी है। यदि प्रभु का सिमरन न किया जाये या उसे याद न किया जाये तो वह अपने भक्तजनों से नाराज़ भी हो जाता है। भक्तों के लिए यह बात बहुत दुखदायी साबित होती है। जबकि मनुष्य को मालूम है कि वह परमात्मा का है और परमात्मा उसी का है।

अपने साजन को पाने के लिए ही मैं उसके मार्ग पर चल पड़ी हूँ। रहाऊ। जीवात्मा का अन्तिम पड़ाव परमात्मा से मिलन ही होता है। जब मनुष्य में यह चेतना जाग्रत हो जायें तो वह तुरन्त प्रभु का मार्ग अपना लेता है। (रहाऊ)। 1।

यदि कोई अन्य मुझे मेरे साजन से मिलवाने में मदद करता है तो मैं बग़ैर मूल्य ही उसकी हो जाऊँगी। 'अन्य' किसी से भाव भी मुर्शिद से है। 2।

फ़कीर हुसैन का कहना है कि यदि मुझे मेरा प्रीतम मिल जायें तो मेरी खुशी का ठिकाना नहीं रहेगा। मनुष्य के लिए सबसे खुशी की बात परमात्मा से अन्तिम मिलन ही होता है। परोक्ष रूप से शाह हुसैन मुर्शिद की अहमियत पर ज़ोर देते हैं और वह परमात्मा को बेरुख़ी की किसी भी हालत में बर्दाश्त नहीं कर पाता। 3।

39. राग सिधंड़ा

साधां दी मैं गोली होसां, गोलीआं दे करम करेसां।
चऊंका फेरीं मैं देई बुहारी, झूठे बासन धोसां। 1। रहाऊ।
पिप्पल पत्तु चुणेंदी वत्तां, लोक जाणे दीवानी।
गहला लोक ना हाल दा महिरमु, मैंनूं बिरहुं लगाई कानी। 1।
लोकां सुणिआं, देसां सुणिआं, हीर बैरागनि होई।
इक सुणेदा लक्ख सुणे, मेरा कहाँ करैगा कोई। 2।
सांवल दी मैं बांदी-बरदी, सांवल मैं मैंहड़ा साईं। 3।
कहै हुसैन फ़कीर निमाणा साईं सिकदी नूं दरसु दिखाईं। 4।

(गोली-दासी, नौकरानी, करेसां-करूँगी, चऊंका- चूल्हा-चौका, बुहारी-झाड़ू, बासन-बर्तन, चुणेंदी-चुनना, गहला-पागल, महिरमु-राज़दार, कानी-तीर, सांवल-कृष्ण, बांध्दी-बरदी, दासी, सिकदी-तरसती।)

व्याख्या—अपने साईं की मैं (भक्तजन) दासी बनना चाहती हूँ ताकि मैं उसके लिए दासियों वाले सारे कार्य करूँ। साईं के लिए चूल्हा-चौका करना, झाड़ू-पोंछा लगाना, झूठे बर्तन धोना इत्यादि सभी कार्य करने के लिए तैयार हूँ ताकि मैं अपने पति के और भी नज़दीक हो सकूँ और दिल खोल कर उसकी सेवा कर सकूँ। रहाऊ। अपने प्रीतम के निकट रहने के लिए जीवात्मा कुछ भी करने के लिए तैयार है। वैसे भी भक्तजन, परमात्मा के सामने दासी के समान तुच्छ ही होता है। (1)

वह अपने प्रीतम के लिए पीपल के गिरे हुए पत्ते उठाने के लिए भी तैयार है। चाहे ऐसा काम करते हुए लोग उसे दीवानी ही समझते हों। पागल लोग जो चाहे समझें, वह मेरा अपने प्रीतम के प्रति प्रेम के भेद को कभी भी जान नहीं पायेंगे। वह कैसे जानेंगे कि मुझे बिरहा का तीर चुभा हुआ है। 1।

उस दीवानगी की बाबत लोग जानने लगते हैं, जैसे कोई हीर के समान दीवाना हो जायें, फिर तो लोग, देश में सभी जगहों पर उस जैसी दीवानगी की चर्चा होने लगती हे। मेरी भी दीवानगी की बाबत एक क्या, लाखों लोग सुनने लगें तो भी मुझे क्या? अपने प्रीतम के प्रेम में डूबी जीवात्मा को लोगों की बातों की परवाह नहीं करती। 2।

अगली पंक्तियों में शाह हुसैन भी अपने इस विचार को विस्तृत करते हुए कहते है कि मैं अपने कृष्ण की दासी हूँ और कृष्ण मेरा साजन है। 3।

इसलिए फ़कीर का कहना है कि अपने प्रीतम को देखने के लिए जो भी जीवात्मा तड़प रही है, साईं को चाहिए कि वह अपने भक्तजनों को अपना दरस दे कर निहाल कर दे। 4।

40. राग गौड़ बिलावल

सारा जगि जाणदा, साईं तेरे मिलण दी आस वो।
मेरे मन मुरादि ऐहो साईंआं, सदा रहां तेरे पासि वो। 1। रहाऊ।,
दरशन देहु दएआ करि मो-कऊं, सिमरां मैं सास-गिरास वो। 1।
कहै हुसैन फ़कीर निमाणा, तूं साहिब मैं दास वो। 2।

(मो-कऊं- मेरे ऊपर, सिमरां- याद करना, सास-गिरास-प्रत्येक साँस के साथ।)

व्याख्या—सारा जगत इस बात को जानता और समझता है कि अपने प्रीतम

के मिलन की आस जीवात्मा के मन में सदा ही बनी रहती है।

मेरे मन की भी यही मुराद या इच्छा है कि मेरा साईं सदा मेरे पास रहे और मैं भी सदा उसके निकट रहूँ। परमात्मा और भक्तजन का आपसी रिश्ता निकटता का ही होता है, जो सदैव बना रहना चाहिए। रहाऊ। 1।

प्रीतम मेरे ऊपर अपनी कृपादृष्टि बनाये रखे, इस प्रकार वह मेरे ऊपर दया करे और मुझे अपना दरस दिखा कर निहाल करे, मेरा रोम-रोम और हरेक साँस उसी के नाम का ही जाप करते हैं, ताकि उसकी कृपादृष्टि मुझ पर बनी रहे।

हुसैन फ़कीर का कहना है कि यही अन्तिम सत्य है कि परमात्मा मेरा मालिक है, और मैं उसका दास हूँ। 2।

41. राग रामकली

सुण ते नी काल मरैंदा ई, हरि भजि लै गाहक वैंदा ई। 1। रहाऊ।
डूंघे जल विचि मछुली वसदी, भै साहिब दा मन नहीं रखदी,
उस मछली नूं जाल ढूंढेंदा ई। 1।
मीर मलकु पतिशाह शाहजादे,
झुलदे नेज़े वजदे वाजे, विच्च घड़ी फनाहि करेंदा ई।1 2।
कोठे मंमटु ते चऊबारे, वसि वसि गये कई लोक विचारे,
इक पलकु ना रहिणे देंदा ई।1 3।
चिड़ी जिन्दणी कालि सित्राणा
निसदिन बैठा लाए धिआना ऊह अजि कलि तैनूं फसेंदा ई।1 4।
कहै हुसैन फ़कीर निमाणा, दुनोआ छोड़ि आखिर मर जाणा
नरु कूड़ा मान करेंदा ई।1 5।

(मीर-अमीर, बादशाह, मलकु-राजा, फनाहि-तबाह, विनाश मंमटु-मुड़ेरे, पलकु-छिन, पल, सिचाणा-बाज़, निसदिन-रात-दिन, नरु-आदमी।)

व्याख्या–ऐ मानुस। तूं ध्यान से सुन, काल तुझे हरदम पुकारता रहता है। इसलिए ऐ मन तूँ भगवान् के नाम का जाप करले, समय बीतता जा रहा है। मौत हर समय सिर पर मंढराती रहती है, इसलिए प्रभु नाम से जुड़ना ही इस से निश्चिंतता प्राप्त करना है। (रहाऊ)।

जैसे गहरे जल में मछली रहती है, लेकिन वह भी मालिक का भय अपने मन से निकाल नहीं सकती क्योंकि इतने गहरे जल में जाल उस मछली को ढूँढ लेता है। जाल में पकड़े जाने पर मछली की मौत निश्चित होती है। 1।

सभी अमीर, बादशाह, साहबज़ादे इत्यादि जिनके घरों-महलों में झंड़े झूलते और बाजे बजते रहते हैं, अर्थात् हर समय खुशी का माहौल रहता है परन्तु किसी पल का पता नहीं, कब मौत आकर सभी कुछ तबाह कर सकती है। 2।

लोग अपने कोठे-चौबारों में बसते हैं। ऊँचे-ऊँचे महल ममटियां बनाते है, परन्तु अचानक ही कोई पल ऐसा आता है कि सब कुछ खत्म हो जाता है। 3।

आसमान में आज़ादी से उड़ने वाला चिड़िया को पता ही नहीं चलता कि कब वह बाज़ की चपेट में आ जाती है। रात-दिन काल अपनी नज़र तुझ पर जमा कर रखता है और किसी दिन भी तुझे अपनी लपेट में ले सकता है। 4।

हुसैन के अनुसार, यही सच्चाई है कि इस दुनिया को छोड़ कर अन्त में मर ही जाना होता है, परन्तु हैरानी इस बात की होती है कि मनुष्य अपने ऊपर झूठा अभिमान करता ही रहता है। अन्तिम सत्य वह स्वयं भी जानता है कि उसने आख़िर में मर जाना है, फिर भी वह स्वयं पर अंहकार करता और ऊँचे-ऊँचे महल, चौबारे बनाता रहता है। यदि वह अपनी मौत को सदैव याद रखे तो वह अपने झूठे अभिमान से मुक्ति पा सकता है।

42. राग रामकली

सुरति का ताणा निरत का बाणा, सच्च का कप्पड़ा बुण जिंदे नी।
काहे कूं झुरें ते झख मारें, राम नाम बिन बाज़ी हारें
जो बीजिआ सो लुण ज़िंदे नी।
ख़ान खवीनी ते सुल्तानी काल लईआं सभ चुण ज़िंदे नीं
शाह हुसैन फ़कीर गदाई,
पछछी पूणी सभ लुटाई शाहु नूं मिलिआ लोड़े हुण ज़िंदे नीं

(सुरति-होशमंदी; चेतना निरत-प्यार की मस्ती, बुण-बुनना, झुरे-परेशान हो, लुण-काटना, खवीनी-सरदारों के सरदार, सुल्तानी-बादशाह, गदाई-फ़कीर।)

व्याख्या—ऐ जिंद, ऐ मन! तू होशमंदी का काम कर और प्यार की मस्ती में झूमते रहने की पहचान बना, जिसके लिए सच्चाई का कपड़ा बुन कर तुझे पहनना चाहिए। इस एक ही पंक्ति में शाह हुसैन चेतन मन, खुशहाल शरीर और सच्चाई से काम करने के लिए मनुष्य को प्रेरित करते हैं। असल में मनुष्य की पहचान यही है।

वह फिर से मन को सम्बोधित कर के कहते हैं, तूं क्यों हर बात के लिए परेशान और दुखी होता है? तेरी सारी अपेक्षाएँ व्यर्थ हो जायेंगी। राम के नाम बग़ैर तेरी सारी जीत हार में बदल जायेगी।

तुझे यह याद रखना चाहिए कि, जो तूने बोया है फल रूप में वहीं प्राप्त होगा। अर्थात् जिस प्रकार के तू कर्म करेगा, उसी प्रकार का फल तुझे प्राप्त होगा।

मौत किसी को भी नहीं बख़्शती, चाहे वह कोई बहुत बड़ा बादशह या सरदार हो। सभी को मौत चुन लेती है।

शाह हुसैन का कहना है कि इस दुनिया में प्राप्त किये और इकट्ठे किये, सारे पदार्थ वह एकदम लुटा देने को तैयार है, जब उसे अपने शाहु/प्रीतम की प्रप्ति हो जाये। क्योंकि प्रभु के मिलन के बाद यह सभी पदार्थ व्यर्थ नज़र आने लगते हैं।

अन्य काफ़ियों की भांति शाह हुसैन इस रचना में भी मौत की निश्चितता, दुनियावी पदार्थों की व्यर्थता और राम नाम की महत्ता पर ज़ोर देता है।

43. राग रामकली

हऊं मत्ति देंदी हाँ बाल इआणे नूं
दारू लाईआ लगदा नाहीं पुच्छ-पुच्छ रही सयाणे नूं। रहाऊ।
सिआही गई सपेदी आई रोनी हाँ वख़्त विहाणे नूं।
पंजा-नदीआं दे मुँह आई केहा दोस मुहाणे नूं।
कहै हुसैन फ़कीर साईं दा, की करीऐ रब्ब दे भाणे नूं।

(इआणे-अनाड़ी, सिआही-काले बाल, सपेदी-सफेद बाल, बख़्त विहाणे- बीता हुआ काल, पंजा-नदीआं -पांच विकार मुहाणे-मल्लाह।)

व्याख्या–मैं अपने छोटे-से अनाड़ी बच्चे को बहुत समझाने का यत्न करती हूँ। यहाँ अनाड़ी बालक से अर्थ नासमझ मनुष्य से है जिसे बार-बार इस बात को समझना पड़ता है कि वह प्रभु की महत्ता को जाने।

जिन्हें प्रभु के इश्क़ का रोग लग जाता है, उनपर कोई भी दवा-दारू काम नहीं करती। इसके लिए किसी सयाने से पूछताछ करनी पड़ती है। सयाने से भाव वह गुरु या मुर्शिद हैं या वह भक्त लोग है जिन्हें प्रभु की प्राप्ति हो चुकी होती है या वह उसके मार्ग पर काफी आगे बढ़ चुके होते है। ऐसी अनुभवी लोगों से प्रभु के साथ लगे इश्क़ तथा उसके वियोग को जानने से लाभ और मार्ग-दर्शन प्राप्त होता है। (रहाऊ) प्रभु के भक्तों या साधु, फ़कीरों जैसे सयानों से ही इस सम्बन्धी जानकारी हासिल करनी चाहिए।

उम्र बीतते हुए कुछ मालूम नहीं होता। मालूम ही नहीं होता कि कब जवानी बीत जाती है और बुढ़ापा आ जाता है। पता तभी चलता है जब काले बालों की जगह सफेदी लेने लगती है। उस समय वक़्त के व्यर्थ बीत जाने का एहसास इतनी तीव्रता

से होता है कि रोना आने लगता है अर्थात् पछतावा होने लगता है।

मनुष्य के स्वभाव में पाँच विकार जैसे काम, क्रोध, लोभ, मोह, अहंकार अपनी अहम् भूमिका निभाते हैं। उनकी जकड़ तथा मद में डूबा व्यक्ति उस समय इनका प्रयोग खुल कर करता है और इन विकारों को पूर्ण मनमानी करने देता है लेकिन अन्त में वह इसका दोष अपने मन को देने लगता है जिसने इन विकारों के प्रभाव में ही आकर कार्यों को अंजाम दिया होता है। परन्तु मन को दोष देने से क्या होगा, उसकी लगाम को कसना तो मनुष्य की चेतना का काम होता है। पहले मनुष्य स्वयं को मन के मनमाने प्रवाह में बह जाने देता है, फिर वक़्त बीतने पर व्यर्थता का एहसास होने पर उसे दोषी मानने लगता है।

मगर फ़कीर हुसैन का मानना है कि परमात्मा की यदि यही मर्ज़ी है तो इसे मानना ही पड़ता है। अर्थात् मनुष्य परमात्मा की मर्ज़ी और संकेतों से बंधा होता है।

44. राग तुखारी

हस्सण खेड़णु भाए असाड़े दित्ता जी रब्ब आपि असानों।
इक रोंदे रोंदे रोए गये इक हसि हसि लै गये गोए मैदानों। 1। रहाऊ।
छोड़ि तक्कबरी पकड़ि हलीमी, की वटिऔं इस खुदी गुमानों। 2।
कहै हुसैन फ़कीर साईं दा, सही सलामति चले जहानों। 3।

(भाए-किसमत, भाग्य, तक्कबरी-अंहकार, हलीमी-नम्रता, गुमानों-अंहकार, गर्व, जहानों-संसार से।)

व्याख्या–शाह हुसैन के अनुसार, परमात्मा ने स्वयं कई लोगों की किस्मत में हँसना-खेलना लिख दिया, जिस कारण उनका भाग्य चमकने लगा। यहाँ 'हँसने-खेलने' से भाव साधारण अर्थ से नहीं है, बल्कि उस आनन्दमयी अवस्था से है जो प्रभु के ध्यान में जुड़ने से प्राप्त होती है। इस पंक्ति को इस प्रकार भी समझा जा सकता है कि जिन भक्तों पर प्रभु अपनी कृपादृष्टि डाल, उन्हें अपने आचंल से जोड़ लेता है तो उन भक्तों की किस्मत में खुशहाली आ जाती है।

इसी भाव को अगली पंक्ति में विस्तृत से जाना जा सकता है कि जो लोग प्रभु की मेहर, बख़्शीश से दूर होते है, उन्हें हरदम रोना पड़ता है, जबकि दूसरी ओर कुछ लोग प्रभु के मार्ग पर चलते हुए हँसते-हँसते सभी मुश्किलों को पार कर जाते हैं। परमात्मा की नज़र जिन पर पड़ जाती है या वह जिनकी भक्ति से प्रसन्न होता है, उनकी सारी मुश्किलों को आसान कर देता है।(रहाऊ)। 1।

परमात्मा की नज़र भक्तों पर पड़े, इसके लिए ज़रूरी है कि वह अपने गुरूर

और अंहकार को तत्काल छोड़ दे और नम्रता को अपना ले। वैसे भी थोथे अभिमान से मनुष्य को कुछ भी हासिल नहीं होता।12।

नम्रता धारण करने पर ही मनुष्य सही-सलामत इस जहान से पार जा सकता है। फ़कीर् हुसैन की यही शिक्षा है। 3।

45. राग झिंझोटी

कदी समझ निदानां, घर किथ्थे ई समझ निदानां। 1। रहाऊ।
आपि कमीना तेरी अक्ल कमीनी, कऊण कहै तूं दाना। 1।
इन्नीं राहीं जांदे डिठ्ठणे, मीर मलक सुल्ताना। 2।
आये मारे ते आप जीवाले अज़राईल बहाना। 3।
कहै हुसैन फ़कीर साईं दा, बिन मसलिति उठ्ठ जाणा। 4।

(निदानां-बेसमझ, मूर्ख, किथ्थे-कहाँ, कमीना-नीच, दाना-सयाना, मीर-अमीर (बादशाह) मलक-जायदादों के मालिक, अज़राईल-मौत का फरिश्ता, मसलिति-सलाह-मशवरा।)

व्याख्या–ऐ मूर्ख बन्दे, कभी तो समझदारी से काम ले। कभी तो समझने की कोशिश कर कि तेरा असली घर कहाँ पर है? असली घर से भाव परमात्मा की ज्योति में विलीन हो जाने से है रहाऊ। मनुष्य को यह बात समझ ही लेनी चाहिए कि उसकी अन्तिम मंज़िल मौत के बाद परमात्मा के द्वार पर पहुँचना है। 1।

मनुष्य बहुत ही नीच किस्म का होता है इसलिए उसकी अक्ल भी छोटी और शुद्र होती है। तेरी इन्हीं हरकतों के कारण ही कौन तुझे सयाना या अक्लमंद कहेगा। आख़िर तूने ऐसे कौन से काम किए हैं जिसे कारण तुझे समझदार माना जाये। 1।

दुनिया के सुख-पदार्थों की दौड़ में दौड़ने वाले सभी अमीर, बादशाह और सुल्तान भी मौत से बच नहीं पाते।। 2।

असल बात तो यह है कि मारने वाला और जीवन देने वाला सिर्फ प्रभु स्वयं है। अज़राईल या यमदूत तो मौत लाने का सिर्फ बहाना बनता है। अज़राईल के हाथ में कुछ भी नहीं होता, इन सबके पीछे का कर्ता स्वयं प्रभु ही होता है। 3।

हुसैन का कहना है कि मौत के सिर पर आ जाने या मौत की नियत घड़ी आ जाने से कुछ भी चर्चा या सलाह-मशवरा करने का वक़्त नहीं रहता और न ही उस सलाह का कोई अर्थ या प्रयोजन ही रह जाता है। अर्थात मौत की नियति को कभी भी टाला नहीं जा सकता।

46. राग रामकली

कदी समझ मीयां मर जाणा ही।
कूड़ी सेज सवें दिन रातीं, कूड़ा तूल बिहाणा ही। 1। रहाऊ।
हड्डां दा कलबूत बणाएया, विव्च रखिआं भौर रबाणा ही।
चार दिहाड़े गौयल वासा, लद चलिऔ लबाणा ही। 2।
कहै हुसैन फ़कीर मऊले दा, साईं दा राहि निमाणा ही। 3।

(मीयां-भले आदमी, तूल-लम्बी उम्र, विहाण-बिताना, कलबूत-शरीर, भौर-रूह, आत्मा, लबाणा-व्यापारी, मऊले-प्रभु।)

व्याख्या–ऐ मानुस! कभी तो इस बात को अच्छी तरह से जान ले, समझ ले कि तूने एक दिन मर ही जाना है।

तू दिन-रात झूठ की सेज पर सोता है। सारी उम्र तू इसी झूठी दुनिया में बिता देता है और जानते हुए भी अनजान बना रहता है कि मौत अवश्यंभावी है। रहाऊ। 1।

प्रभु ने मनुष्य को एक शारीरिक ढांचा दिया और उसमें अपनी आत्मा को भर दिया। मनुष्य अपने जीवन के इन चार दिनों को व्यर्थ ही गवाँ देता है। आखिर में तो इस संसार से सौदागरों को वापस जाना ही पड़ता है। सौदागरों से भाव मनुष्यों से है, जिन्हें प्रभु अपनी आत्मा और अच्छे गुणों से भर कर इस संसार में कमाई करने के लिए भेजता है कमाई से तात्पर्य प्रभु के नाम का जाप करना होता है। यदि मनुष्य इस काम को सही अंजाम देता है तो उसे मुनाफ़ा प्राप्त होता है। मुनाफ़ा हो या घाटा हो, इस संसार से अन्ततः विदा लेनी ही पड़ती है। 2।

हुसैन फ़कीर यही मानता है कि परमात्मा की राह नम्रता से ही पार किया जा सकती है। 3।

47. राग रामकली

कोई बात चल्लण दी तूं कर वोऐ, इतै रहणा नाहीं।
साढ़े ॠ हथ्थ मिलख बंदे दी, गोर निमाणी घर वोऐ। रहाऊ।
ऊँच्चे मंदर सुनिहिरी छज्जे, बिच्च रखाएआ दर वोऐ।
जिस माया दा माण करेंदा, सो दूतां दा घर वोए।
लिखि लिखि पढ़ना मूल ना गुड़ना, भै साईं दा कर वोऐ।
जां आई आगिआ प्रभु बुलाइआ, होए निमाणा तूं चल्ल वोऐ।

आगै साहिब लेखा मांगे, तां तूं वी कुछ कर वोऐ।
कहै हुसैन फ़कीर रबाणा, दुनिया छोड़ ज़रूरत जाणा,
मरन तों अग्गे मर वोऐ।

(काई-कोई, गोर-क़ब्र, दूतां-दुश्मनों, भै-भय, निमाणा-बेचारा, लेखा-कर्मों का लेखा-जोखा।)

व्याख्या—ऐ मानुस, कोई बात यहाँ से चलने के बारे में कर, इस दुनिया में सदैव नहीं रहना। सिर्फ साढ़े तीन हाथ जगह मनुष्य को यहाँ रहने के लिए चाहिए, वही उसकी असली सम्पत्ति और घर है जहाँ उसने मौत के बाद आराम करना और सोना होता है। (रहाऊ) अर्थात् इस दुनिया में इतनी और ज़मीन-जायदाद इकट्ठी करने की बात सोचना फ़िज़ूल ही है क्योंकि यहाँ से चले ही जाना है। सिर्फ साढ़े तीन गज़ वाली क़ब्र ही बंदे की मिल्कियत होती है।

ऊँचे मंदिर बना और उन पर सुनहिरी छज्जे अर्थात् सोने के पानी चढ़े छत्र चढ़ा कर मनुष्य इस बात का अभिमान करता है कि उसने धार्मिक स्थान के लिए बहुत कुछ किया है, परन्तु हुसैन फ़कीर के अनुसार, इस सबसे कुछ भी हासिल नहीं होता, क्योंकि जिस धन-दौलत और माया पर वह अहंकार करता है, असल में वही उसकी दुश्मन होती है।

इसी प्रकार मनुष्य जब यह सोचता है कि उसने कई धार्मिक ग्रंथ पढ़ लिये हैं। उसे कई वेदों और धर्म सम्बन्धी जानकारी और ज्ञान प्राप्त है। परन्तु सिर्फ पढ़ने और जानने से कोई ज्ञानी या महात्मा नहीं बन सकता। असल बात तो उस ज्ञान को अमल में लाने की होती है। ये उसे प्रीतम, साईं का भय मानना चाहिए।

जब प्रभु का बुलावा आ जाये तो मनुष्य को चाहिए कि वह सिर झुका कर, नम्रता से चल दे। प्रभु के पास जाने पर मनुष्य के कर्मों का लेखा-जोखा माँगा जायेगा, इसलिए ज़रूरी है कि उसे कुछ अच्छे काम कर लेने चाहिए, ताकि उसे शर्मिन्दा ना होना पड़े।

फ़कीर का वचन है कि दुनिया छोड़ कर जाने के लिए इस तैयार रहना चाहिए कि मौत से पहले भी मरना पड़े तो घबराहट न हो अर्थात् मौत को सदा याद रखने से मौत का डर कम हो जाता है और मनुष्य किसी भी उम्र या समय में मरने से घबराता नहीं।

48. राग रामकली

क्यूं गुमान जिंदू नी, आखर माटी सिऊ रल जाणा,
माटी सिऊ रलि जाणा है तां, सरपर दुनिया जाणा। 1। रहाऊ।

मीर मलकु पातिशाहु शाहिज़ादे, चोअ चंदन लांदे।
खुशियां विच्च रहिण मतवाले, नंगी पैरीं जांदे।1।
लऊवाली दरगाह साहिब दी, कहीं ना चलदा माणा,
आपे आपि जबाब पुछीसी, कहै हुसैन फ़कीर निमाणा।2।

(गुमान-अंहकार, अभिमान, जिंदू-आत्मा, सरपर-जरूर, चोऊ-ख़ुशबू, मतवाले-मस्त, लऊवाली-बेपरवाह।)

व्याख्या–ऐ मनुष्य, तू किस बात का इतना अभिमान करता है? वास्तव मे तू कुछ भी नहीं। तूने तो अन्त में मिट्टी में ही समा जाना है।

जब मिट्टी में ही मिल जाना है तो इस दुनिया से पहले ही दूरी क्यों नहीं बढ़ा लेता? जहाँ पर हमेशा के लिए रहना ही नहीं तो क्यों यहाँ के मोह-जाल के बन्धनों में खुद को जकड़ता जाता है। रहाऊ।

जो भी अमीर, राजे-महाराजा हुए, जो सदैव ख़ुशबुओं से अपने शरीर को सजाते रहे जो हरदम अमीरी के नशे में मस्त और बेपरवाह रहे, मौत के समय सभी कुछ जहाँ पर छोड़ कर नंगे पैर जाते दिखायी देते है।(1)

साईं के दरबार में किसी प्रकार की बेपरवाही और नासमझी को बख़्शा नहीं जाता। वहाँ तो तेरे कर्मों का जवाब सख़्ती से पूछा जायेगा। इसलिए अपने ग़रूर को अभी से छोड़ कर विनम्र रहने की आदत डाल ले।(2)

49. राग बसन्त

किआ कीतो ऐथै आए कै, किआ करसे उथ्थे जाये कै। 1। रहाऊ।
ना तैं तुंबण तुंबिआ, ना तैं पिंजण पिंजिआ, ना लीतो सूत कताए कै। 2।
ना तैं चरखा फेरिआ, ना तैं सूतु अटेरिआ,
ना लीतो ताणी ताणाए कै। 3।
ना तैं वेल पिंजाएआ, ना तैं पछछी पाएआ,
ना लीतो दाज रंगाए कै। 4।
शाह हुस्नै मैं दाज विहूणीआं, अमलां बाझहु गल्ला कूडीआं,
ना लीतो शहु रीझाए के। 5।

(पछछी-टोकरी, विहूणीआं-बग़ैर, अमलां-बुरी आदतें, रीझाए-रिझाना।)

व्याख्या–इस दुनिया में आ कर मनुष्य ने यदि कुछ भी नहीं किया तो फिर परलोक में जाकर भी वह क्या करेगा? रहाऊ। अर्थात् जब मनुष्य इहलोक में ही प्रभु के नाम से नहीं जुड़ता तो परलोक में जाकर प्रभु के अस्तित्व में विलीन कैसे होगा? 1।

शाह हुसैन इहलोक में कार्य करने को रूई पिंजने से उपमा देते हुए कहते हैं कि, हे जीवात्मा! तूने न तो यहाँ कपास पैदा की, न ही रूई को पिंजाया और न ही कोई सूत काता। अर्थात् प्रभु के मार्ग पर चलने के लिए तूने कोई भी नेक काम नहीं किया। 2।

इसी बात को ही आगे बढ़ाया गया कि जब सूत ही नहीं तो मनुष्य क्या चरखा चलायेगा और कैसे सूत से कपड़ा बुनेगा? यह सारा सिलसिला एक-दूसरे से जुड़ा हुआ है जिसमें नेक नीयत, अच्छे कर्म, प्रभु का सिमरन सभी एक-दूसरे से अन्तर सम्बन्धित होते हैं। उसी की ओर इन पंक्तियों में संकेत किया गया है। 3।

यह सभी बातें ही मनुष्य के इहलोक से जाने और इस दुनिया रूपी भवसागर को आसानी से पार करने का सबब बनती हैं, जिसे शाह हुसैन ने 'दहेज़' कहा है। इसी दहेज़ के कारण ही दुल्हन का या पत्नी का अपनी ससुराल में सम्मान बढ़ता है। 4।

लेकिन हुसैन का कहना है कि वह इस दहेज़ के एकदम बगैर है क्योंकि गलत और बुरी आदतों के कारण उसकी सभी बातें झूठी मानी जायेंगी। उसे तो अपने शाह को रिझाना भी नहीं आता। क्योंकि पति या शाह पत्नी के अच्छे गुणों से प्रभावित होता है जबकि उसमें (जीवात्मा) में बुरी आदतों का जमवाड़ा है, इसलिए वह परलोक में जाकर भी क्या करेगा जब उसने इस दुनिया में कुछ भी न सीखा और ना अपनाया।

50. राग धनासरी

किंतु गुण लग्गेंगी शहु नूं प्यारी। 1। रहाऊ।
अंदरि तेरे कूड़ा वति गयेऔही, मूल ना दितीऔ बुहारी। 1।
कत्तण सिख नी वल्ललीऐ कुडीऐ, चढ़िआ लोड़े खारी। 2।
तंद टूटी अटेरन भन्ना, चरखे दी कर कारी। 3।
कहै हुसैन फ़कीर साईं दा, अमला बाझु खुआरी। 4।

(कूड़ा-पाप, बुराईं, वति-बस गया, बुहारी-झाड़ू, वल्ललीऐ-पागल, भन्न-टूट गया। कारी-कार्य, अमलां-बुरी आदतें, खुआरी-बुरा हाल।)

व्याख्या—इस काफ़ी में भी शाह हुसैन जीवात्मा को इस बात के लिए जागृत करते हैं कि, किस गुण के कारण वह प्रभु की प्यारी बन सकेंगी। रहाऊ। अर्थात् मनुष्य के अन्दर यदि नेकनीयती और अच्छे संस्कार नहीं हैं तो वह प्रभु की कृपादृष्टि का पात्र नहीं बन सकता। 1।

इसका कारण यह है कि मनुष्य के दिल अन्दर बुरी आदतों यानि विकारों तथा

मोह-माया के जंजालों ने पैर फैला लिए है। उनकी मैल के कारण जो अच्छी आत्मा और संस्कार प्रभु ने मनुष्य को देकर इस दुनिया में भेजा था, वह सब उस मैल और बुराई के नीचे दब गये हैं और अच्छे कर्मों और प्रभु के जाप के द्वारा उसने अपने अन्तर्मन की मैल को बुहारी देकर साफ़ करने की कभी कोशिश नहीं की। 1।

इसलिए जीवात्मा अच्छे कर्मों को करना सीख ले। पागल मन, तुझे इस सबकी बहुत ज़रूरत है। 2।

यदि किसी समय मन प्रभु के मार्ग पर चलने के लिए लालायित होता भी है तो मार्ग में आने वाली रुकावटों और परेशानियों से घबरा कर उस मार्ग पर चलने का विचार छोड़ देना चाहता है। अर्थात् जैसे कपड़ा बुनते समय जल्दी ही धागा टूट जाये तो मन काम से उचाट हो जाता है। इसका दोष चरखे को दिया जाता है, जबकि सारा कसूर मन का होता है जो अन्तर्मन के अँधेरे को देखकर घबरा जाता है और फिर से कोशिश करना नहीं चाहता। 3।

ऐसा इसीलिए होता है क्योंकि बुरी आदतों के कारण मनुष्य अत्यन्त कमज़ोर हो जाता है। उसका नैतिक बल ढहने लगता है। इसके लिए ज़रूरी है कि मनुष्य समय रहते ही अच्छी आदतों को अपना ले। 4।

51. राग तिलंग

केड़े देसों आईऔं नी कुड़ीऐ, तैं केहा केहा शोर मचाएऔं क्यूं?
अपुना सूत तैं आणु वंझाएआ, दोसु जुलाहे नूं लाएऔं क्यूं?। 1। रहाऊ।
तेरे अग्गे अग्गे चरखा, पिछे पिछे पीहड़ा,
कत्तनी है हाल भलेरे क्यूं?। 1।
छल्लणीआं पंज पाए पछोटे, जाये बज़ार खलोवें क्यूं?। 2।
नाल सराफां दे झेड़ा तेरा लेखा देंदी तूं रोवे क्यूं?। 3।
सईआं विच खिंड़दीऐ कुड़ीऐ, सहु मनहु भुलाएऔं क्यूं?। 4।
राहां दे विचि अऊखी होसें, इतना भार उठाएऔं क्यूं?। 5।
कहै हुसैन फ़कीर निमाणा, मरना चिति न आएओं क्यूं?। 6।

(केड़े-कौन से, वंझाएआ-गंवा लेना, भलेरे-बुरा, झेड़ा-झगड़ा, चिति-चेतना, याद।)

व्याख्या–ऐ जीवात्मा, तू कौन से देश से आयी है? तू इतना शोर क्यों मचा रही है? इस काफ़ी में शाह हुसैन उन नासमझ लोगों को सम्बोधित करते हुए कहते हैं, जो अपनी नासमझी के कारण कुछ भी जानते-बूझते नहीं, परन्तु धर्म के नाम पर

तरह-तरह से शोर मचाते हैं। इस तरह शोर मचाने से वह स्वयं को कितना भी धार्मिक बना कर पेश करें, वास्तव में उनका धर्म से कोई लेना-देना नहीं होता। 1।

जो संस्कार और आत्मा की जागृति परमात्मा सभी जीवों को देकर इस धरती पर भेजता है, उन्हें दुनिया की बुराईयों में भुला कर मनुष्य स्वयं कसूरवार बनता है, परन्तु इसका इल्ज़ाम वह सदा दूसरों को ही देना चाहता है। इसी विचार को इस पंक्ति में बताते हुए हुसैन का कहना है कि अपना सूत अर्थात् प्रभु द्वारा प्रदान किये गये गुणों को मनुष्य खुद ही गंवा या दबा देता है, परन्तु अपनी बुरी स्थिति के लिए दोष परमात्मा को ही देता है। यहाँ पर सूत और जुलाहे के प्रतीक को दिया गया है। (रहाऊ)।

तेरे आगे काम करने के लिए चरखा है, और पीछे-पीछे बैठने के लिए चौकी या पीढ़ी है, इसके बावजूद मनुष्य इतना बुरा काम क्यों करता है। अर्थात् मनुष्य के पास सुख-आराम का पूरा इन्तज़ाम होता है, बावजूद इसके वह मन से ठीक काम करना नहीं चाहता। 1।

मनुष्य के स्वभाव में पांच विकार अपना दबाव बनाए रखते हैं। इन विकारों के कारण मनुष्य बुरी आदतें अपनाता है, मगर जब भी वह कुछ लोगों के बीच पहुँचता है तो सदा अपने-आप को एक कामयाब सिद्ध करने की कोशिश करता नज़र आता है। 2।

जब भी उसे (जीवात्मा) को अपनी नेकनीयती का हिसाब देना पड़ता है तो वह कमज़ोरियों के कारण रोने का सहारा लेती है। रोकर ख़ुद को हमदर्दी दिलवाने और कभी-कभी झगड़ों के द्वारा अपने आपको सुरक्षित करने का उपक्रम करने लगती है। 3।

अपने मित्रों और अपने जैसे ही लोगों में खेलते और समय बिताते हुए वह साईं को अपने मन से एकदम ही भुला देती है। 4।

जब मनुष्य प्रभु के मार्ग पर चलने लगेगा तो दुनिया के झंझटों से अपने मन और कंधों पर पड़े बोझ से रास्ता और भी दुरूह हो जायेगा। इसलिए मनुष्य को इस बात के लिए जागृत किया जा रहा है कि वह अपने मन को साफ़ रखे ताकि कोई भी बोझ उस पर न पड़ सके, जिससे चलने में आसानी हो। 5।

अपनी बात को फिर फ़कीर दुहराते हैं कि यदि मनुष्य अपनी मौत को हरदम याद रखे तो उसे इन सारी परेशानियों से निजात मिल सकती है। 6।

52. राग धनासरी

कै बाग़ै दी मूली हुसैना तूं कै बाग़ै दी मूली। 1।
बाग़ा दें विचि फुल अजाएब तूं बी एक गंथूली। 1।
आपणा आपि पछाने नाहीं अवरा देखि क्यूं भूली। 2।
इश्के दे दरिआऊं कराही मनसूर कबूली सूली। 3।
शाह हुसैन पएआ दरि उत्ते जे कर पवे कबूली। 4।

(अजाएब-अनोखे, विभिन्न, गंथूली-मामूली खुशबू, अवरा-दूसरों को, कराही-कठिन, कबूली-परवान।)

व्याख्या–ऐ हुसैन! स्वयं को सम्बोधित कर शाह हुसैन कहते हैं, तू अपने आप को समझता क्या है? इसमें व्यंग्य है, तू कौन से बाग़ की मूली है? अर्थात् तेरे में ऐसी कौन सी ख़ासियत है जो बाकी लोगों में नहीं है इसमें खेत की मूली नामक मुहावरे का प्रयोग करके व्यंग्य किया गया है लेकिन यह व्यंग्य फ़क़ीर ने स्वयं पर किया है। 1।

बाग़ में जिस प्रकार अनेक प्रकार के फूल खिले होते हैं, तू भी उसी प्रकार एक साधारण ख़ुशबू देने वाले जंगली फूल के समान है। यहाँ पर बाग़ और फूल से तात्पर्य दुनिया और अनेक तथा विभिन्न प्रकार के मनुष्यों से है। गंथूली से भाव साधारण आम से है जिसमें कोई खास विशेषता न हो। 1।

अपनी कमियों, कमज़ोरियों और यहाँ तक कि बुराईयों को मनुष्य पहचानता नहीं है परन्तु दूसरे लोगों के गुणों और अच्छे कर्मों को देखकर दूसरों से ईर्ष्या करता है। 2।

इश्क़ का सागर पार करना अत्यन्त कठिन काम होता है जो हरेक के वश की बात नहीं। मन्सूर को भी मौत को स्वीकार करना ही पड़ा। 3।

यदि मनुष्य अपने आप को सिर झुका कर प्रभु के चरणों में समर्पित करने के लिए तैयार हो जाये तो उसकी प्रार्थना प्रभु के दरवार में क़बूल हो सकती है। 4।

53. राग धनासरी

कोई दम जींवदिआं रुशनाई मुएआं दी खबर ना काई। 1 ।रहाऊ।
चहुं जणिआं रलि डोली चाई, साहुरड़ै पहुँचाई।
सस निनाणां देंदीआं ताहने, दाज विहुणी आई।
कब्र निमाणी विच वग्गण कहीआं बन्न चलाएआ डाढ़े दिआ वहीआं

रहीआं हूल-हवाई
कहै हुसैन फ़कीर रबाणा, दुनिया छोड़ ज़रूरत जाणा,
रब्ब डाढ़े कलम वगाई।

(दम-साँस लेते हुए, डोली-अर्थी, साहुरड़ै-क़ब्रिस्तान, वहीआं-निर्देयी दूत, हूल-हवाई-अकड़-शान।)

व्याख्या–जीते-जी मनुष्य को मरे हुए लोगों के बारे में जानने की कोई उत्सुकता नहीं होती, जबकि वह इस सच्चाई को जानता है कि मौत उसे भी एक दिन आयेगी। रहाऊ।

चार लोग (कहारों की भांति) उसकी अर्थी उठा कर उसे उसकी ससुराल अर्थात् आखिरी मंज़िल क़ब्रिस्थान में पहुँचा आयेंगे।

ससुराल अर्थात् परलोक में खाली हाथ पहुँचने से सास और ननदें उसे ताने देंगी। यहाँ पर दहेज़ बग़ैर जाने से भाव इस दुनिया में किये अच्छे कर्मों के बग़ैर जाने से है। मनुष्य का अच्छा चाल-चलन, नेक नीयती और कर्म ही परलोक में उसका दहेज़ बनते हैं। सास-ननद से भाव उन दूतों से है जो उसके कर्मों का लेखा-जोखा करते हैं और अच्छे कर्मों को न देखकर उसे कोसते हैं।

आखिर में तो क़ब्र में ही समाना है जिसमें मिट्टी खोद कर दबा दिया जाता है। इस डाढ़े अर्थात् सख़्त स्वभाव वाले परमात्मा से कोई बच नहीं सकता। इसके आदेश पर सारी अकड़ और शान्त धरी की धरी रह जाती है।

इस दुनिया को छोड़ कर जाना ही पड़ता है क्योंकि भगवान ने जिस प्रकार अपनी कलम से मनुष्य की उम्र लिखी होती है, वह उतनी ही भोग पाता है।

54. राग वड़हंस

कोई दम माण लै रंग-रलीआं धन जोबन दा माण ना करीऐ
बहुत सयाणीआं छलीआं। 1। रहाऊ।
जिन्हां नाल बालपण खेड़िआ से सईआं उठ्ठ चलीआं। 1।
बाबल आतण छडड़ गईआं साहुरणें घर चल्लीआं। 2।
इह गलीआं सुपना भी थीसन बाबल वालीआं गलीआं। 3।
कहै हुसैन फ़कीर साईं दा कर लै गालीं भलीआं। 4।

(रंग-रलीआं-मौज-मस्ती, आतण-आंगन, साहुरणै-कब्रिस्तान, गालीं- बातें, भलीआं-अच्छी।)

व्याख्या–सांसारिक पदार्थों की मौज-मस्ती बहुत आकर्षित करती है परन्तु इस

आकर्षण में खोकर अपनी जवानी और सुन्दरता पर अहंकार नहीं करना चाहिए। जवानी और सुन्दरता सदा रहने वाली नहीं है। इस पर अभिमान करने वाले बहुत से सयाने और समझदार लोग भी धोखा गये। अर्थात् बाहरी दिखावा और जवानी सुंदरता की प्रशंसा सुन कर मनुष्य स्वयं पर गर्व महसूस करने लगता है, जबकि यह प्रशंसा सिर्फ भ्रम और भुलावा है। इसी भुलावे में आकर लोग अपनी समझदारी भी गंवा बैठते है, वस्तुतः यह सभी अस्थिर होता है। 1। (रहाऊ)

जिन सहेलियों (लोगों) के साथ बचपन बिताया और खेल-तमाशे किये, वह सभी सहेलियाँ अपने साईं(प्रीतम) के पास चली गयी अर्थात् जो मनुष्य समय रहते अपने जीवन के उद्देश्य को समझ नहीं पाते, वस्तुतः वह दिमाग़ से बच्चे ही बने रहते हैं। जो इस सांसारिक चमक-दमक को असली मान, इसके खेल-तमाशों में ही डूबे रहते है। ऐसे लोगों का बचपन उम्र के हिसाब से नहीं अपितु समझदारी के लिहाज़ से कभी ख़त्म नहीं होता और इसी अज्ञानतावश वह जल्दी ही इस संसार से कूच कर जाते है। 1।

सभी सहेलियों (मनुष्यों) को इहलोक छोड़ कर परलोक अर्थात् मायका छोड़कर ससुराल जाना ही पड़ता है। 2।

इन गलियों अर्थात् इस संसार में बिताया हुआ जीवन असल में सपने के समान है और सपना कभी भी यथार्थ नहीं होता साथ ही वह एक दिन टूट भी जाता है। इसलिए मनुष्य को सर्वथा यह ध्यान रखना चाहिए कि वह इस संसार में कुछ समय के लिए आया है। यहाँ रहते वह जो भी कार्य करता है, वह यथार्थ नहीं है और न ही उसके साथ जायेंगे। जैसे सपना भ्रम और यथार्थ का प्रभाव डालता है परन्तु यथार्थ होता नहीं। यहाँ का जीवन भी सपने के समान ही है। 3।

इसलिए फ़कीर की बात मान और इस संसार में रहते हुए कोई अच्छी बातें कर ले। कोई नेक काम कर ले, जो उसके साथ जायेंगे। बाकी सभी कुछ तो व्यर्थ है जो यहीं पर छूट जायेगा। 4।

55. राग रामकली

गलि वो कीती साड़े ख्याल पई, गल पई वो निबाही लोड़ीऐ। 1। रहाऊ।
शमा दे परवाने वांगु ज़लदिआं अंगि ना मोड़ीऐ।
हाथी इश्क़ महावत राँझा अंकसु दे दे होड़ीऐ। 2।
कहै हुसैन फ़कीर साईं दा, लग्गी प्रीति ना तोड़ीऐ। 3।

(ख्याल पई-पीछे पड़ गई, शमा-दिया, परवाना-पतंगा, अंकसु-हाथी को काबू में रखते लोहे का सूआ।)

व्याख्या–इस काफ़ी में शाह हुसैन इश्क़ की बात करते हैं। उनके अनुसार, प्रीतम से इश्क़ के बारे में सुना और वो इश्क़ में गिरफ़्तार हो गये। अब तो इसे निभाना ज़रूरी हो गया है। अर्थात् इस एक पंक्ति में ही वह इश्क़ के आकर्षण, उसकी गिरफ़्त में आने और अन्त में उसे निभाए जाने की आवश्यकता पर ज़ोर दे देते हैं। शायद यह इश्क़ शै ही ऐसी है कि एक बार इस से सामना होने पर मनुष्य सब कुछ भूल जाता है। यह इश्क़ फिर उसका पीछा नहीं छोड़ता। मनुष्य को खुद भी आशिक बन बहुत सकून मिलता है और वह प्रतिज्ञा करता है कि वह उसे अपने जीवन संग निबाहेगा और इश्क़ की सफलता भी इसी में है कि उसे आखिरी साँस तक निभाया जाये। 1। रहाऊ।

इश्क़ की आग में जलने वालों को अपने-आप को पूर्ण रूप से अपने इश्क़ में समर्पित हो जाना चाहिए। इस पंक्ति में समर्पण पर वह बल देते है, क्योंकि पतंगा भी शमा से इश्क़ करता है, परन्तु उसकी ओर खिंचे जाने पर जब वह आग उसे जलाने लगती है तो वह अपने शरीर को बचाने के लिए अपने अंग मोड़ने और सिकोड़ने लगता है। इसी ओर इशारा करते हुए शाह हुसैन कहते हैं कि पतंगे का आग से इश्क़ सिर्फ आकर्षण के कारण होता है। इसी आकर्षण के तहत वह आग (शमा) के करीब चला जाता है परन्तु पूर्ण समर्पण की भावना न होने के कारण वह अपने अंगों को सिकोड़ने की कोशिश करता है। मगर फिर यह कोशिश बेकार सिद्ध होती है और अन्त में पतंगा जल कर खाक हो जाता है। इस पंक्ति में इश्क़ के आकर्षण और समर्पण, दोनों के अन्तर को स्पष्ट कर इस बात के लिए चेताया गया है कि इश्क़ में सिर्फ आकर्षण से कुछ नहीं होता। अन्तिम प्राप्ति समर्पण से प्राप्त होती है जो कि मनुष्य में अपने प्रीतम, अपने परमात्मा के लिए अवश्य होना चाहिए।

इश्क़ भी और भी विस्तृत ढंग से बयान करते हुए हुसैन कहते है, इश्क़ हाथी के समान बलवान होता है। इसका महावत रांझे के समान होना चाहिए जो इसे किसी दूसरी दिशा में जाने से रोक सके। इश्क़ का वग मनुष्य को बहुत तेज़ी से अपने साथ बहा ले जाने की सामर्थ्य रखता है। इस वेग से गिरने का डर भी बना रहता है, जिसकी ओर इशारा करते हुए कहा गया है कि इसे सही दिशा की ओर ले जाना ज़रूरी होता है। 2।

फ़कीर का मानना है कि जब किसी से इश्क़ प्रीत हो जाये, तो उसे बीच रास्ते में नहीं छोड़ना चाहिए। अर्थात् इसे अन्तिम साँस तक निभाना चाहिए। 3।

56. राग झंझोटी

गाहकु वैंदा ई कुछ वटि लै।
आया गाहक मूल ना मोडें टका पंजाहा घट्ट्ट लै। 1। रहाऊ।
पेईअड़ै दिनि नार दिहाड़े, हरि वतिल झाती धत्त लै।
बाबल दे घर दाज विहूणी, दड़ि-बड़ि पुणी कहत लै। 1।
होखां नाल उधार करेंदी, साथहु भी कुठ हथ्थि लै।
कहै हुसैन फ़कीर निमाणा, एहि शाहा दी मति लै।। 2।

(वैंदा - जाता हुआ, पेई अड़े - मायका (जीवित जीवन) हरि - परमात्मा, वल्लि-की ओर, विछूणी - बगैर, दड़ि-बड़ि - उलझा हुआ धागा।)

व्याख्या—इस काफी में सूफ़ी फकीर का कहना है कि जो सयाने या पहुँचे हुए साधु-महात्मा हों अर्थात् जिन्होंने परमात्मा को करीब से जाना और समझा हो, उनसे कुछ अनुभव या दीक्षा प्राप्त कर ले।

ऐसे प्रभु के प्यारे शिष्यों के अनुभव से वंचित नहीं रहना चाहिए, बेशक दुनिया का काम-काज़ करते हुए तुम्हे थोड़ा नुक़सान भी उठाना पड़ जाये तो भी कोई बात नहीं। क्योंकि इन महात्माओं की संगति और शिक्षा से दुनिया की नुकसान या काम का हर्ज़ा कोई अहमियत नहीं रखते।। 1। रहाऊ।

इस मायके में अर्थात् इहलोक में तो मनुष्य ने चार दिन अर्थात् एक उम्र भर ही रहना है, बाद में तो उसे प्रभु के दरवार में अपनी हाज़िरी लगाना है तो फिर क्यों ना थोड़ा सा समय उसके नाम-जाप में भी लगा लिया जाए। अर्थात् प्रभु के प्यारों या गुरुओं की संगति कर कुछ हासिल कर लिया जाये।

इहलोक में तो बिना दहेज़ के गुज़ारा सम्भव हे परन्तु ससुराल या प्रीतम के घर बगैर दहेज़ अर्थात् नेक कर्मां के बगैर रहना सम्भव नहीं इसलिए समय रहते कुछ तो उलझे हुए जीवन में से परमात्मा के नाम-सिमरन के लिए समय निकाल ले। अर्थात् उलझी दिनचर्या और जीवन में से कुछ तो नेक कमों की पूणी कात ले। प्रीतम के घर में असली यही दहेज़ काम आता है। 1।

दुनियावी कामों में कई बार उधार करना अर्थात् समझौता करना पड़ता है। प्रीतम के घर जाने के लिए कभी-कभी साधु-संतों के साथ को भी अपना लेना चाहिए। अर्थात् यदि मनुष्य यह सोचता है कि वह स्वयं ही समझदार है और अकेले ही इस कठिन मार्ग पर चलने की हिम्मत रखता है तो भी उसे समझौते की तरह ही पहूँचे हुए सयानों के अनुभवों से या सीख से लाभ उठाने में कोई हर्ज़ नहीं है। इससे उसका फायदा ही होगा, नुकसान नहीं।

फ़कीर हुसैन का मानना भी यही है कि सयानों, विद्वानों या फ़कीरों से या फ़कीरों भी इसी शिक्षा को ज़रूर अपनाना चाहिए। 2।

57. राग रामकली

गोइलड़ा दिन चार कुड़ै, सईआं खेड़ण आईआं नीं। 1। रहाऊ।
भली माऊ ना खेड़णि देई, हंझू दर्द रूआईआं नी।
चंद के चांदन सईआं खेड़णि, गाफ़ुल तिमरू रहाई आंनीं। 1।
साहुरणै घर अलबति जाणा, जाणन से समराईआं नीं।
कहै हुसैन फ़कीर निमाणा, जिन्ना चाईआं से तोड़ि निबाहीआंनी।

(गोइलड़ा-खेतों में पशुओं के लिए बनाई हुई घास-फूस और मिट्टी की झोंपड़ी, चांदन-चांदनी, गाफुल-अनभिज्ञ, नासमझ; तिमरू-अंधेरे, अलबति-अवश्य, सभराईआं-सयानी, समझदार।)

व्याख्या–यह सांसारिक जीवन गोइलड़े के समान है जो घास-फूस और मिट्टी से बनी हुई झोंपड़ी होती है यानि यह जीवन अस्थिर है। और इस झोंपड़ी में जो स्वयं कच्ची और कामचलाऊ है, उसमें लड़कियाँ और सहेलियाँ खेलने के लिए आई है। अर्थात् इस अस्थिर जीवन में अस्थिर रहने वाली जीवात्माएँ चार दिनों के लिए खेलने और मौज-मस्ती करने के लिए आती है। 1।

कई माएँ खेलने को बुरा मानती है, इसलिए खेलने से मना रकती है। इस मना किए जाने पर कुछ लड़कियों (जीवात्माएँ) बहुत रोने लगती है। अर्थात् कुछ सयाने लोग इस जगत तमाशे को समझते है और अपने उपदेशों तथा अनुभवों से इस बात को समझाने की कोशिश करते है। परन्तु कई बार यह सीख समझ में नहीं आती और इसे बहुत बड़ा दुख मान कर जिन्हें इस खेल-तमाशे से दूर रखा जाता है, वो रोने लगती है, दुखी होती है लेकिन जो लोग यह समझ लेते हैं कि यह मौज-मस्ती और खुशी-अस्थिर है, वह सुखी हो जाते है। इस पंक्ति को दोनों प्रकार से समझा जा सकता है।

कुछ सहेलियाँ जहाँ चाँदनी होती है, वहाँ पर जाकर खेलना पसन्द करती है और नासमझ लड़कियाँ अंधेरे में ही डूबी रहती है। अर्थात् जहाँ पर ज्ञान का प्रकाश और चेतना की शीतलता व्याप्त होती है, मनुष्य (समझदार) वहाँ पर जाना पंसद करते है। दूसरे शब्दों में, वह इस सत्य को जानते है कि उनका जीवन एक खेल से ज्यादा कुछ नहीं है, इस इसलिए वह अपने जीवन में पहूँचे हुए साधुओं-फ़कीरों की संगति कबूल करते है ताकि उनके अस्थिर जीवन में ज्ञान की रोशनी प्रवेश कर सके जबकि

अनभिज्ञ और नासमझ लोग इस सच्चाई से अनजान होने पर अच्छे लोगों की साथ प्राप्त नहीं करते और सदा अज्ञान के अंधेरे में ही डूबे रहते है। 1।

समझदार और चेतन लोग इस बात को जानते भी है और हृदय से भी स्वीकार करते है कि अन्त में प्रीतम के घर जाना ही मनुष्य की अन्तिम मंज़िल है।

फ़कीर के अनुसार, इस ज्ञान को जानने वाले इस सत्य को अन्तिम साँस तक निभाते है।

58. राग रामकली

घरि सोहणि सहीआं रेतड़ीआ, होड़ीआं-हटकीआं रहिणा ना मूले,
डूंधे चिकड़ लेटड़ीआं। 1। रहाऊ।
काईआं भुखीआं काई तिहाई, काइ जंगदीआं काई निंदराई।
कईआं भुखीआं दुंद मचाई, पंजां बेड़ी वहिण लुणाई,
सभ घरि दीआं मंझ भेतड़ीआं। 1।
पंजे सहीआं इको जेहीआं, हुक्म संयोग इकट्ठीआं होईआ,
जो पंजां नूं धागा पाऐ, सा सभराई कंत रीझाऐ,
कहै हुसैन विशरमी सईआं, आई पवनि अचेतड़ीआं। 2।

(दुंद-शोर, पंजा-पांच विकार, भेतड़ीआ-भेद देने वाली, सभराई-खुश किस्मत, अचेतड़ीआं-अचानक।)

व्याख्या–मनुष्य के शरीर रूपी घर में कुछ सहेलियाँ इकट्ठी रहती है। उन्हें जितना भी रोका-मना किया जाये, वह अपने मूल स्वभाव से बाज़ नहीं आती और गहई कीचड़ में लिपटना और लेटना ही ठीक लगता है। अर्थात् इन सहेलियों के रूप में मनुष्य स्वभाव के मूल में पाए जाने वाले विकारों की ओर संकेत किया गया है। विकारों के रहने के स्थान को कीचड़ कहा गया है। 1। रहाऊ।

इन सहेलियों में कई प्रकार की भूख-व्यास और निंदा-चुगली शामिल है। यह सभी विकार मनुष्य को कीचड़ या बुराई की ओर ले जाते है। यदि यह पांचों विकार अर्थात् काम, क्रोध, लोभ, मोह, अंहकार इकट्ठे मिल कर मनुष्य के शरीर में शौर मचाने लगे तो समझो उस व्यक्ति का बेड़ा गर्क ही हो जायेगा। यह सभी पांचों सहेलियाँ (विकार) मिल कर किसी भी घर अर्थात् मनुष्य के शरीर के भेद बाहर प्रकट कर सकती है। 1।

यह पांचों साखियाँ एक जैसे स्वभाव की होती हे और संयोग से इकट्ठी ही रहती है।

यदि इन पांचों को लगाम कस काबू में ना रखा जाये तो यह अपनी मनमानी कर मनुष्य को अपना गुलाम बना लेती है। मगर जो स्त्री (मनुष्य/जीवात्मा) इन पांचों को अपने काबू में कर लेती है, वही समझदार और खुशकिस्मत कहलाती है। वही स्त्री अपने कंत(पति/प्रीतम) को खुश कर सकती है। अर्थात् मनुष्य को इन विकारों से हार मान कर इन की मनमानी में नहीं डूब जाना चाहिए। ऐसा ना करने वाले से ही परमात्मा प्रसन्न होता है।

फ़कीर हुसैन का कहना है कि, यह सहेलियाँ इतनी बेशर्म होती है कि अक्सर ही आ कर मनुष्य के घरों पर धावा बोल देती है। अर्थात् इनसे बचने के लिए हरदम चेतन और तैयार अर्थात् जागृत रहना चाहिए। 2।

59. राम परज जोग

घड़ी इकु दे मिजमान मुसाफ़र, पईआं तां रहिण सराईं।
कोटां दे सिकदार सुणीदे, अख्खी दिसदे नाहीं। 1। रहाऊ।
छोड़ि तक्कबरी पकड़ि हलीमी, कोई कहीं दा नाहीं। 2।
कहै हुसैन फ़कीर निमाण, हरि दम साईं साईं। 3।

(ममिजमान-मेहमान, कोटां-किले, सिकदार-सरदार, तक्कबरी-अंहकार, हलीमी-नम्रता, कही दा-किसी का।)

व्याख्या–इस संसार में इमारतें, सरायें, धर्मशालाएं इत्यादि इसी प्रकार बनी रहती है, परन्तु इन में रहने वाले मुसाफ़िर मेहमानों की भांति आते है और फिर चले जाते है। अर्थात् मनुष्य इस दुनिया में सिर्फ मुसाफ़िरों तथा मेहमानों की भांति आता है और अपनी उम्र बिता कर चला जाता हे, मगर यह दुनिया सराय की भांति दूसरे जन्म लेने वाले लोगों को जगह देती है।

कई बार ऊँची-ऊँची इमारतें, हवेलियां और किले बने नज़र आते है परन्तु उनके बनाने वाले कहीं नज़र नहीं आते। 1। रहाऊ।

किले बनाने वाले भी यदि लोगों को आने वाली पीढ़ियों तक याद रहे तो उन्हें चाहिए कि वह अंहकार छोड़ कर हलीमी और नम्रता को अपना लेना चाहिए। 2।

इसलिए यह भी ज़रूरी है कि हर समय परमात्मा का नाम लिया जाए। 3।

60. राग तुखारी

घोली वंझां साईं तैथों, हालु असाड़े दे महिरम सज्जणा।
कदी तां दरस दिखालि पिआरिआ, सदा सुहारा पड़दे कज्जणा। 1। रहाऊ।

ऐहो मंगि लीती तऊ कोलों, पलि बडढ़े तुसां वलि लग्गणा। 2।
कहै हुसैन फ़कीर निमाणा, हरदम नाम तुसाड़े रज्जणा। 3।

(घेली वंझां-कुबनि जाऊं, महिरम-राज़दार, दरस-दर्शन, बड़ढ़े-बढ़े।)

व्याख्या–मैं अपने साईं के इश्क़ में उस पर कुर्बान जाती हूँ, क्योंकि वही मेरी हालत को सही समझता है और मेरा राज़दार है।

कभी तो आ कर अपना दर्शन दे जा, हर समय तेरा नाम लेकर जीती हूँ। रहाऊ। 1।

मैनें सदा भगवान् से यही माँगा है कि पल-पल मेरा उसकी ओर प्यार बढ़ता ही जाये।

फ़कीर यही चाहता है कि वह सदा प्रभु के नाम से सुखी रहे। 3।

61. राग तिलंग

चारे पल्लू चोलड़ी, नैण रोंदी दे भिन्ने। 1। रहाऊ।
कत्ति ना जाणा पूणीआं, दास देनीआं मुन्ने। 1।
आवण आवण कहि गये, माहि बारां पुन्ने। 2।
इक हनेरी कोठड़ी, दूजे मित्तर विछुन्ने। 3।
काले हरनां चरि गयेऔ शाह हुसैन दे बन्ने। 4।

(भिन्ने-भीग गये, पुन्ने-पूरे हो गये, हनेरी कोठड़ी-क़ब्र की ओर संकेत, विछुन्ने-बिछुड़े हुए, काले-हरनां-शैतान सांसारिक सुख (प्रतीक)।)

व्याख्या–सभी प्रकार की कोशिशें कर लीं और रोते-रोते मेरे सारे कपड़े भी भीग गये। रहाऊ। अर्थात् मनुष्य जब हर तरफ से निराश हो जाता है तो अपनी बेबसी पर रोने लगता है। रहाऊ। 1।

इसलिए अपने काम में अनाड़ी होने पर वह स्वयं को दोषी मानने की बजाय दूसरों को दोष देने लगता है अर्थात् खुद पूणी ना कातना जानने पर बेसमझ स्त्री चरखे को दोष देने लगती है। इसमें 'नाच ना जाने आंगन टेढ़ा वाले' मुहावरे की ओर संकेत किया गया है। 1।

अपने प्रीतम के पास जाने के लिए जीवातमा बार-बार कहती है, परन्तु बारह महीने जल्दी ही बीत जाते हैं, परन्तु वह अपना वायदा पूरा नहीं करना चाहती। अर्थात् समय बहुत तेज़ी से बीत जाता है, मगर कोई भी मनुष्य मौत को कबूल नहीं करना चाहता। 2।

इसका क्या कारण यह है कि मनुष्य की आखिरी मंज़िल अंधेरी कोठड़ी अर्थात् क़ब्र होती है और सभी रिश्तेदार, मित्र-दोस्त भी बिछुड़ नहीं जाते अर्थात् मनुष्य को अकेला ही मरना पड़ता है। उसे अपना आखिरी सफ़र अकेले ही तय करना पड़ता है।

इस दुनिया की चमक-दमक में खो कर शाह हुसैन ने अपनी असल पूंजी मी गंवा दी है। पंक्ति में काले हिरन से भाव सांसारिक भौतिक सुखों से है, मनुष्य जिनके पीछे भागने लगता है परन्तु यह भागदौड़ निरन्तर बनी रहती है और मनुष्य अपने जीवन के असल उद्देश्य को भी भूल जाता है, गंवा देता है।

62. राग रामकली

चूहड़ी हाँ दरबार दी। 1। रहाऊ।
ध्यान दी छजुली ज्ञान दा झाड़ू, काम क्रोध नित झाड़दी। 2।
काज़ी जाणे सानूं हाकम जाणे, साथे फ़ारखती वेगार दी। 3।
मल्ल जाणे अर महिता जाणे, मैं टहिल करां सरकार दी। 4।
कहै हुसैन फ़कीर निमाणा, तलब तेरे दीदार दी। 5।

(फ़ारखती-निकाल देना, वेगार-बेगार लेना, टहिल-सेवा, तलब-ज़रूरत।)

व्याख्या—मैं साईं के दरबार की सफाई-कर्मचारी हूँ। अर्थात् मनुष्य बेहद तुच्छ प्राणी है। रहाऊ।

दरबार में मैं ध्यान की छांगल से पानी छिड़कती हूँ, ज्ञान का झाड़ू लगा कर रोज़ाना काम-क्रोध की झाड़ू-पोंछ करती हूँ। अर्थात् मनुष्य के दरबार में ज्ञान-ध्यान की बात सुनता है ताकि अपने काम क्रोध से मुक्ति पा सके। 2।

हमें काज़ी और हाकिम दोनों ही अच्छी तरह से जानते हैं, फिर भी हम पर जबदस्ती के काम थौंप कर हमसे बेगार करवाते है। काज़ी और हाकिम की ओर संकेत हैं जो धार्मिक प्रपंच तथा बाहरी आंडबरों जैसे कई कामों को थोंप कर बेगार के लिए मजबूर करते हैं। यहाँ धार्मिक कर्मकांड और दुनियावी कामों को एक समान फ़िज़ूल और व्यर्थ माना गया है। 3।

मेरे गाँव के पटवारी और सरपंच भी जानते हैं कि मैं अपनी सरकार की सेवा करता हूँ सरकार, से भाव भगवान् से है। फ़कीर लोगों के बारे में सभी जानते हैं कि वह लोग सिर्फ भक्ति-भावना से ओत-प्रोत होते हैं। उन पर सिवाय परमात्मा के किसी और का हुक्म नहीं चलता। उनके लिए उनकी असल सरकार और मालिक-हकिम सिर्फ परमात्मा ही होता है। वह उसी को सर्वोपरि मान कर उसकी भक्ति-बन्दगी करते है। 4।

फ़कीर को सिर्फ अपने प्रीतम, प्रभु को देखने की चाहत और इच्छा होती है। दुनियावीं और राजसी-शासकी कार्यों से वह बहुत दूर होता है। 5।

63. राग बसन्त

चोर करन नित चोरियां, अमली नूं अमलां दीआं घोड़िआं।
कामी को चिंता काम दी, असां तलब साईं दे नाम दी। 1। रहाऊ।
पातिशाहं नूं पातिशाहीआं, शाहां नूं उगराहीआं,
मिहरां नूं पिंड़ गरांव दी। 1।
इक बाज़ी पाई आ साईआं, इक अचरज खेल बणाईआं
सभ खेड़ि खेड़ि घर आंवदी। 3।
लोक करन लड़ाईआं, शरम रक्खी तूं साईआं
सभ मरि मरि खाक समावदी। 4।
इक शाह हुसैन फ़कीर है, तुसी ना कोई आखो पीर है,
असां कूड़ी गल्ल ना भांवदी। 5।

(घाड़िया-खुशियाँ, उगराहीआं-टैक्स, मिहरां-गाँव के चौधरी, शरम-लाज, कूड़ी-झूठी।)

व्याख्या—इस काफ़ी में शाह हुसैन दुनिया के सभी प्रकार की कार-गुजारियाँ करने वाले लोगों के स्वभाव का विश्लेषण करते हैं, जैसे चोरी करने वालों का ध्यान हमेशा चोरियाँ करने की ओर लगा रहता है और अमली(नशेड़ी/नशेबाज़) अपने नशे में खुशी ढूँढते रहते हैं।

इसी प्रकार विषय-वासनाओं में डूबे कामी का मन सदा काम में व्यस्त रहता है, जबकि हुसैन जैसे फ़कीरों को सदा प्रभु के नाम और उसके दर्शन की तलब लगा रहती है। अर्थात जो व्यक्ति जिस कार्य में खुशी महसूस करता है, वह वही कार्य करना चाहता है। 1। रहाऊ।

बादशाह, अपनी बादशाहत की परवाह करते हैं और साहूकार, ज़मींदार अपने टैक्स वसूल करने में लगे रहते हैं। गाँव के चौधरी या सरपंच आदि अपने गाँवों में चौधराहट कायम रखने में मशगूल रहते हैं। 2।

इन दुनियावीं कामों में उलझे और व्यस्त लोगों को देख कर फ़कीर को अत्यन्त हैरानी होती है। वह इस बात को समझता है कि यह सब किया-धरा उस परमात्मा का है, जिससे अजीब सा खेल रच कर सारी दुनिया के लोगों को अनेक प्रकार की उलझनों में उलझा दिया है। 3।

कठपुतली बने लोग खेलते हुए, अपने रंग-तमाशों में मस्त हो कर या अपनी उलझनों, परेशानियों के कारण अपनी स्वार्थ-सिद्धि के तहत लड़ाई-झगड़े करते रहते हैं लेकिन फ़कीर जानता है कि यह सभी कुछ उस प्रभु की इच्छा के अनुसार होता है और यह भी तय है कि सभी ने अन्त में चाहे वह लड़े-झगड़ें या अपने कामों में व्यस्त रहें, ख़ाक में ही समा जाना है। 4।

दुनिया के इन बखेड़ों से दूर फ़कीर हुसैन को भी बस इस बात की चिन्ता है कि वह एक सादा, सरल सा फ़कीर है, लोग उसे पीर का ऊँचा दर्ज़ा न दें। उसे यह झूठी बातें अच्छी नहीं लगती हैं। दूसरे शब्दों में, फ़कीर होने की असल पहचान यही है कि वह खुद को फ़कीर ही माने, लोगों को दिशा देने या उनके भाग्य का लेखा-जोखा बताने वाला ऊँचा दर्ज़ा हासिल ना करे। क्योंकि असली पीर सिर्फ़ परमात्मा है। फ़कीरों को अपनी प्रशंसा सुनना अच्छा नहीं लगता। असली प्रशंसा का हकदार परमात्मा के अलावा और कोई नहीं है। बाकी बातें सब झूठी है। 5।

64. राग तिलंग

चंदी हज़ार आलमु तूं केहड़ीआं कुड़े।
चरेंदी आई लेलड़े तुमेंदी उन्न कुडे। 1। रहाऊ।
ऊँची घाटी चड़दिआं, तेरे कंडे पैर पुड़े। 1।
तैं जेहा मैं कोई ना डिठ्ठा, अग्गे होए मुड़े। 2।
बिनां अमलां आदमी, वेंदे कख्खु लुड़े। 3।
पीर पैगंबर अऊलीऐ दरगह जाये वड़े। 4।
सभ्भे पाणी हारिआं, रंगा रंग घड़े। 5।
शाह हुसैन फ़कीर साईं दा दरगह वंज खड़े। 6।

(चंदी-चांद जैसी, आलमु-दुनिया में, मुड़े-धंसे हुए, लुड़े-लुढ़कते हुए, पाणी हारिआं-पानी भरने वाली।)

व्याख्या–सभी मनुष्य खुद पर अभिमान करते हैं, जैसे सुन्दर स्त्री को अपनी सुन्दरता का गुमान होता है, परन्तु वह यह नहीं जानती कि इस दुनिया में एक से एक सुन्दर स्त्रियाँ देखने को मिलती हैं। सिर्फ़ उसे इस बात का भुलावा होता है कि वह दुनिया में सबसे सुन्दर है।

यह गुमान इतना ही झूठा और थोथा होता है, जैसे कोई बकरी के लेलों (मेमनों) को चरा कर आए और बात तुम्में को चराने और उसकी ऊन की करे। (तुम्माँ, भेड़ो की एक ऐसी नस्ल होती है जिसकी ऊन अत्यन्त नर्म होती है। परन्तु

यह नस्ल बहुत कम पाई जाती है और इसकी ऊन अत्यन्त मंहगी और बेहतरीन किस्म की होती है।) अर्थात् मनुष्य अपनी आम और साधारण कारगुज़ारी को दुर्लभ बताने की डींग हाँकता है। रहाऊ। 1।

तुम्मां बर्फ़ भरी घाटियों में पाया जाता है। ऊँची-ऊँची बातें करने वालों का पोल तभी खुल जाती है जब ऊँची घाटियों पर उन्हें चढ़ना पड़ता है और उनके पैरों में कांटे चुभने लगते हैं। अर्थात् खोखली बातें करने से खुद को उत्तम नहीं सिद्ध किया जा सकता, क्योंकि जिस काम को करने की आदत न हो, उसे यदि करना पड़े तो रुकावटों से सामना होता है। मनुष्य की बातों से नहीं, उसके कर्मों में ऊँचाई होनी चाहिए। 1।

परमात्मा का मार्ग भी इसी प्रकार अत्यन्त कठिन और ऊँचा है, जिसे सिर्फ़ बातों और दिखावे से चल कर पार नहीं किया जा सकता। कठिनाइयों और रुकावटों से घबरा कर पीछे मुड़ने वाले मनुष्यों से भी बड़ा मूर्ख और कोई नहीं हो सकता। अर्थात् कठिन मार्ग पर चलने से बचने के लिए मनुष्य सदा उस ओर से मुँह मोड़ लेना चाहता है और वह दुनिया के राग-रंगों में ही असली खुशी ढूँढने लगता है। वह पूरी तरह से इन रंगों में धँस और डूब जाना चाहता है। यही देखकर फ़कीर हुसैन को हैरानी भी होती है और उसे ऐसे मनुष्यों की अक्ल पर तरस भी आता है। 2।

ऐसे भूले हुए मनुष्यों को वह फिर से समझाने का यत्न करता है कि इस दुनिया में जिन्हें कोई बुरी आदत या बुरा काम करने की लत नहीं थी, वह भी इस कठिन मार्ग पर आसानी से चलने पर भी बजाय तिनकों की भांति लुढ़कते नज़र आते हैं अर्थात् प्रभु का मार्ग अत्यन्त दुरूह और दुर्गम से भरा हुआ है और मनुष्य को अन्त में उस राह पर चलना ही पड़ता है, मगर वह समय रहते चेतता क्यों नहीं?। 3।

इस मार्ग पर सिर्फ पीर, पैगंबर और औलिए ही आसानी से जा सकते है। उनकी संगति से लाभ उठा कर अन्य मनुष्यों को भी दरगाह में जाने को मार्ग ढूंढ़ना चाहिए। 4।

प्रभु के दरबार में जाने वालों का तांता लगता हुआ है जैसे अनेक स्त्रियाँ पानी भरने के लिए आयी हों और उन्होंने विभिन्न प्रकार घड़े उठाए हों। अर्थात् मक़सद सभी का परमात्मा को पाना ही है, यानि पानी ही भरना है। परन्तु धर्म और मत विभिन्न प्रकार है। रंगा-रंग घड़ों से भाव विभिन्न प्रकार के सम्प्रदायों तथा धर्मों से है। बाहरी तौर पर यह घड़े विभिन्न आकार-प्रकार और रंगों के हो सकते हैं, मगर उनका उद्देश्य एक ही होता है। 5।

हुसैन का मत है, विभिन्न पीर, पैगम्बरों में से किसी को भी अपना लो जो मनुष्य के साईं की दरगाह में ले जा सके। 6।

यह काफ़ी विकास-क्रम को अपनाती है। मनुष्य को थोथी बातों तथा व्यर्थ के गुमान से जागरूक कर, उसे कई उदाहरणों से समझा, सिर्फ़ परमात्मा के मार्ग पर चलने की शिक्षा देती है। किसी भी एक धर्म या मत की सर्वश्रेष्ठता पर बल नहीं देती अपितु सभी धर्मों, पैगम्बरों ओर धार्मिक औलियाओं को एक समान मान कर किसी एक को अपनाने की सीख देती है।

65. राग तिलंग

जहाँ देखो तहाँ कपट है कहूँ न पएऔ चैन।
दगावाज़ संसार ते गोशा पकड़ि हुसैन। 1।
मन चाहे महबूब को तन चाहे सुख चैन
दोए राजे की सीध मैं कैसे बणे हुसैन?। 2।

(कपट-धोखा, दगाबाज़-धोखेबाज़, गोशा-एकान्त, कोना, सीध-हद।)

व्याख्या–इस दुनिया में जहाँ देखो, वहीं कपट और धोखा है जिसके चलते फ़कीर लोगों को कहीं भी चैन नसीब नहीं होता।

इस दगाबाज़ संसार में यदि हुसैन सुख से जीना और भक्ति-साधना करना चाहता है तो ठीक यही है कि वह किसी एकान्त स्थान की तलाश कर ले जहाँ कोई भी उसे तंग और परेशान न कर सके। 1।

काफ़ी की तीसरी पंक्ति से काफ़ी का रुख एकदम से बदल जाता है। एक ओर तो फ़कीर इस दुनिया में धोखे, कपट और दगाबाज़ लोगों से भरे होने की बात करता है और बन्दगी के लिए किसी एक एकान्त स्थान को खोज कर जाने की बात करता है, परन्तु एकान्त स्थान पर बन्दगी करना इतना आसान काम नहीं क्योंकि मन से बेशक कोई भी परमात्मा से जुड़ने और उसे पाने की बात करता है और चाहता भी है, मगर उसकी शरीर इतनी आसानी से उसकी बात मानने को तैयार नहीं होता, क्योंकि शरीर को दुनियावी सुखों को भोगने की आदत पड़ी हुई है। इसलिए मन से प्रीतम की इच्छा रखने के बावजूद अनेक लोग उसकी कठिन तपस्या से घबरा जाते हैं। शरीर को कष्ट देने के ख्याल मात्र से ही उनके रोंऐ खड़े जाते है और हौंसले पस्त हो जाते हैं।

शरीर और मन के द्वंद्व में हुसैन जैसा फ़कीर भी फँस जाता है। मनुष्य का शरीर और मन उसे अपनी मरज़ी से चलाना चाहते हैं। दोनों ही अपने-आप को

अत्यन्त बलशाली मानते हैं। इन दोनों का आपसी समझौता कठिनाई से होता है। इसी परेशानी से त्रस्त हुसैन फ़रियाद करते हैं कि इन दोनों के झगड़े में फंसने के कारण अनेक मनुष्य फ़कीर बनने से रह जाते हैं। शरीर और मन को काबू करने वाला ही भक्ति-बन्दगी कर सकता है, जो इतना सरल नहीं होता। 2।

66. राग तिलंग

जगि मैं जीवन थोहड़ा कऊण करै जंजाल। 1।
कैंदे घोड़े हस्ती मंदिर, कैंदा है धन माल। 1।
कहाँ गये मुल्लां, कहाँ गये काज़ी, कहाँ गये कट्टक हज़ार। 2।
इह दुनिया दिन दोए प्यारे, हरदम नामु समाल। 3।
कहै हुसैन फ़कीर साईं दा, झूठा सभ बऊहार। 4।

(थोहड़ा-थोड़ा, कम, कैंदे-किसके, कट्टक-फौज़ें, बऊहार-व्यापार)

व्याख्या–जब मुझे इस बात का पक्का पता है कि यह जीव अत्यन्त छोटा-सा है, सिर्फ कुछ सालों तक का ही है, फिर मैं इस के जंजालों और झंझटों में क्यों फसूं? अर्थात् मनुष्य जानता है कि उसका जीवन सीमित होता है, बावजूद इसके वह जीवन को सुखमयी बनाने के प्रयत्न करता रहता है, जो वास्तव में जी के जंजाल से ज़्यादा कुछ साबित नहीं होते। 1।

इस दुनिया में अपनी बड़ी-बड़ी हस्तियाँ बनाने वाले, मन्दिर बनाने और धन-सम्पत्ति, घोड़े इकट्ठे करने वाले, कोई भी ज़िन्दा ना रहे। 1।

यहाँ तक कि धार्मिक मार्गदर्शन देने वाले मुल्ला, काज़ी और कई हज़ार फ़ौजों के शासक भी न बच सके। 2।

तू इस बात को याद रख ले कि यह दुनिया 'दो दिन' की है, भाव बहुत कम समय के लिए मिली है, इस छोटे से जीवन में तू प्रभु के नाम को मत भुला। 3।

क्योंकि इस जीवन और दनिया में सिर्फ प्रभु का नाम ही अटल सत्य है, बाकी सभी कुछ झूठे व्यापार जैसा है जिसमें मुनाफ़े के बजाए घाटा ही प्राप्त होता है। 4।

67. राग आसा

जाग ना लधिआ सुण जिदूं, हभ्भो विहाणी रात। 1। रहाऊ।
इस दम दा वो की भखासा, रहिन सराईं रात।
विछुड़े तन मन बहुड़ ना मेला, ज्ऊं तखर तुट्टे पात। 2।
कहै हुसैन फ़कीर साईं दा, होए गई परभात। 3।

(लधिआ-मिली, विहाणी-बीत गयी, भखासा-भरोसा, बहुड़-द्वारा, तखर-दरख़्त, पात-पत्ते।)

व्याख्या–ऐ मन! तूं अपनी नींद से अब जाग जा और ध्यान से सुन, क्योंकि अब रात बीत चुकी है। अर्थात् ग़फ़लत से जाग कर चेतनाशील हो जा, क्योंकि यहाँ से जाने का समय निकट आता जा रहा है। 1। रहाऊ।

इस चलती हुई साँस का कोई भरोसा नहीं है। यह साँस कभी भी टूट सकती है। बस, एक रात ही सराय में गुज़ारनी थी, वह गुज़ार ली है। अब चलने की तैयारी प्रारम्भ कर देनी चाहिए। अर्थात् यह जीवन एक रात के समान है और यह दुनिया एक सराय के समान। जिसमें आकर यात्री और मुसाफिर कुछ समय के लिए रहते है। रात बिताने के बाद यात्री अगले पड़ाव पर जाने की तैयारी कर लेते हैं। यह मनुष्य के जीवन का अन्तिम पड़ाव नहीं होता, अन्तिम पड़ाव कब्र ही होता है। बस, इस दुनिया से हर समय चलने की तैयारी रखनी चाहिए।

इस संसार से एक बार विदा होने पर यहाँ पर दुबारा आने की कोई सम्भावना नहीं होती, जिस प्रकार पत्ता एक बार वृक्ष से टूट जाये फिर उससे दुबारा जुड़ नहीं पाता। अर्थात् इस जीवन में जो भी प्राप्त करना हो, कर लेना चाहिए और यह जीवन फिर से प्राप्त नहीं होता। 2।

अब सवेरा हो गया है, इसलिए अगले पड़ाव पर जाने की तैयारी आरम्भ कर देनी चाहिए। यह अगला पड़ाव मौत के बाद आरम्भ होता है जो कि प्रभु के दरबार की ओर जाता है जहाँ जाने के लिए सदा प्रसन्न चित्त हो कर जाना चाहिए। 3।

68. राग भैरों

जिस नगरी ठाकुर जसु नाहीं, सो काकर, कूकर बस्ती है।
अगर चंदन की सार ना जाणे, पाथर सेती घसती है।
छैलां सेती घुंघट काढ़े बैलां सेती हस्ती है।
कहै हुसैन फ़कीर साईं दा, सवासेर की मस्ती है।

(ठाकुर-भगवान, काकर-कौए, कूकर-कुत्ते, अगर-अगरबत्ती, छैला-नौजवान, बैलां-पशु, हस्ती-हँसती।)

व्याख्या–जिस नगर में भगवान का वास न हो, वह कौओं और कुत्तों की बस्ती के समान होती है, जहाँ हर समय शोर-गुल मचा रहता है।

यदि कहीं अगरबत्ती या चंदन की खुशबू न हो, वहाँ सिर्फ पत्थरों का वास ही प्रतीत होता है। अर्थात् प्रभु-भक्ति के बग़ैर सभी कुछ पत्थरों के समान निर्जीव

और कठोर प्रतीत होता है।

यह नगरी फिर इस प्रकार की होगी, जहाँ स्त्रियों नौजवानों से घूंघट या पर्दा नहीं करती बल्कि पशुओं के संग हँसती-खेलती है। अर्थात् वह नगरी उजड़ होगी, जहाँ कुछ भी सहज और सरल नहीं होगा, क्योंकि वहाँ भगवान का वास नहीं है। वहाँ सब कुछ अस्थिर और असहज ही होगा।

भगवान् के नाम के बग़ैर की गयी मस्ती सिर्फ कुछ समय की होती है। जहाँ 'सवा सेर' अर्थात् बलशाली का राज़ होगा, वहाँ अन्याय और बेइन्साफ़ी ही बढ़ेगी।

69. राग आसावरी

जितु वलि मैंड़ा मित्तर प्यारा
ऊर्थ वंझ आखीं मैड़ी आजज़ी वो। 1। रहाऊ।
जोगणि होवा धूहां पावां, तेरे कारणि मैं मर जावां,
तैं मिलिआं मेरी ताज़गी वो। 1।
रातीं दरद दिहैं दरमांदी, मरन असाड़ा वाजबी वो। 2।
लिटा खोलिह गले विच पाईआं, मैं बैरागणि आदि दी वो। 3।
जंगल बेले फिरां ढूंढेदी, कूक ना सक्कां भारी लाज दी वो। 4।
कहै हुसैन फ़कीर साईं दा, राती दिहे मैं जागदी वो। 5।

(वंझ-जा कर, आज़जी-दुखी हालत, ताज़गी-मन की खुशी, दरमांदी-दुखी, वाजबी-निश्चित्त, लिटा-बाल, बैरागणि-जोगन दिहे-दिन।)

व्याख्या–जिस ओर या तरफ़ मेरा प्यारा मित्र या महबूब रहता हो, वहाँ जा कर, मेरी तरस भरी हालत के बारे में उसे बताना। अर्थात् अपने प्रीतम के सामने ही अपनी दुख भरी स्थिति को प्रकट किया जा सकता है। रहाऊ। 1।

उसे बताया जाये कि मैं उसके इश्क़ में जोगन हो गई हूँ, अत्यन्त बेचैन हूँ। उसके वियोग में मेरी हालत मरणासन्न हो चुकी है। यदि वह मुझे मिल जाये, फिर मेरे अन्दर जीने की इच्छा जाग सकती है और ताज़गी महसूस हो सकती है। 1।

सारी रात मेरी देह पीड़ा और दर्द से कराहती रहती है अर्थात् उसके वियोग में कष्ट सहती है। ऐसी अवस्था में मर जाना ही बेहतर लगता है। 2।

वियोग के चलते मेरी हालत अजीब-सी हो गई है। दीवानों की भांति मेरे सिर के बाल खुल कर बिखर-से गये। यूँ देख कर लगता है कि जैसे मैं कई सदियों से जोगन हो चुकी हूँ। 3 1

दीवानगी की हालत में जंगल-बेलों में अपने प्रीतम को ढूँढती फिरती हूँ मगर

शर्म के कारण मैं ज़ोर-ज़ोर से उसे पुकारती नहीं। 4।

हुसैन के अनुसार, प्रभु, बिछुड़ी जीवात्मा की हालत ऐसी हो जाती है कि उसे दिन-रात किसी और बात की सुध ही नहीं रहती। जो लोग प्रभु की भक्ति में खो जाते हैं उनकी हालत दीवानों जैसी हो जाती है। वह हर किसी से नाता तोड़ कर सिर्फ़ अपने प्रीतम के इश्क़ में खो जाते हैं।

70. राग तुखारी

जिन्हां खड़ी न कीती मेरी डोलड़ी, अनी हो मां दोस कहारां नूं। 1। रहाऊ।
कोलों तैंड़े वाही लढ़ि-लढ़ि चले, तैं अजे न बाध्या भारां नूं। 2।
इक लढ़ि चले इक बंन बैठे, कऊण ऊठाए साड़िआं भारां नूं। 3।
सिर ते मऊत खड़ी पुकारे, मन लोचे बागु बहारां नूं। 4।
कहै हुसैन फ़कीर निमाणा, कोई मुड़ि समझावे इन्हां यारां नू। 5।

(लड़ि-लढ़ि, लदे-लदे, भारां-सामान, मऊत-मौत, लोचे-चाहे।)

व्याख्या—जिन कहारों ने मेरी डोली को उठा कर जाना था, उन्होंने कहीं पर भी साँस नहीं ली। कसूर माँ का है, दोष कहारों को क्यूँ दिया जा रहा है रहाऊ। अर्थात जिन बुरी आदतों के कंधों पर चढ़ मेरी डोली अर्थात अर्थी गई, उसमें उठाने वाले कहारों का कसूर नहीं है। उन आदतों को अपनाने वाले और अच्छे संस्कार न डालने वाली मति का कसूर है। 1। रहाऊ।

तुम्हारे सामने से कितने ही लोग सामान लद-लद कर चले गये, तूने अभी तक अपने सामान को बाँधा नहीं है। अर्थात् इस दुनिया रूपी सराय में मुसाफिर अपने नेक कर्मों या बुरी आदतों समेत जहान से चले गये, लेकिन फिर भी बाकी मनुष्यों को इस बात की समझ नहीं आती कि एक दिन उन्होंने भी जाने की तैयारी करनी है। यहाँ सदैव के लिए किसी ने भी नहीं रहना, मगर लोग फिर भी इस दुनिया को अपना मुकाम समझने की भूल करते हैं जबकि यह रैन बसेरे से ज्यादा कुछ नहीं है। 2।

अभी तक अनेकों अपना सामान लाद कर चले गये, कुछ चलने की तैयारी में बैठे हुए हैं। सभी अपना-अपना भार उठा कर चलते हैं। हर किसी को अपना भार खुद ही उठा कर चलना पड़ता हैं। अर्थात् हरेक व्यक्ति अच्छे-बुरे कर्मों के लिए स्वयं जिम्मेवार होता है। 3।

सिर पर मौत का साया हर समय मंडराता रहता है। बावजूद इसके मनुष्य का मन बाग़ों और बहारों की मस्ती में नाचना-कूदना चाहता है। उसे मालूम है, मौत किसी समय भी उसे दबोच सकती है, फिर भी वह सुख चाहता है। 4।

फ़कीर हुसैन का मानना है कि इन नासमझ मित्रों को कोई फिर से मौत की अटल सच्चाई के बारे में बताये ताकि वह अपनी अनभिज्ञता और अज्ञान को छोड़ दे। 5।

71. राग तुखारी

जिंदू मैंडणीए, तेरा नलीआं दा वख्त विहाणा। 1। रहाऊ।
रातीं कत्तैं रातीं अटेरैं, गोशे लाइओं ताणा।
इक जु तंद अव्वला पै गया, साहिब मूल ना भाणा।
चार दिहाणे गोइल वासा, उठ्ठ चढ़दा पछछोताणा।
चीरी आई ढ़िल ना करसी, की राजा की राणा।
किसे नवां किसे पुराणा किसे अध्धोराणा।
कहै हुसैन फ़कीर साईं दा, बिन मसलत उठ जाणा।

(विहाणा-गुज़र गया, गोशे-नुक्कड़, कोना, अव्वला-ग़लत, ख़राब, साहिब-भगवान, भाणा-पसन्द आना, गोइल-चरांद में बनी हुई झोंपड़ी, चीरी-चिट्ठी, मसलत-मशवरा।)

व्याख्या–ऐ मेरी जान! तेरे काम करने की उम्र अब बीत गयी है, वक्त गुज़र गया है। अर्थात् मौत सिर पर आ खड़ी हुई है और जाने का वक़्त पास आ गया है। 1। रहाऊ।

संसार में बिताया जाने वाला सारा समय रात के समान है जिसमें चरखा कात कर अटिरन की गयी अर्थात् दुनियावी काम-काज़ किये गये। लेकिन तूने(जीवात्मा) एकान्त में अपना ताणा लगाया।

अकेले में भी यदि एक भी धागा ग़लत पड़ गया तो प्रभु को वह स्वीकार नहीं होगा। अर्थात् प्रभु के दरबार में जाने के लिए किसी भी ग़लत कार्य को स्वीकृति नहीं दी जाती।

यह दुनिया गोइल के समान है (जो खेतों में अस्थाई तौर पर बनायी जाती है), जिसमें मनुष्य ने चार दिनों भाव कुछ समय के लिए रहना होता है। यहाँ लम्बा-चौड़ा फैलाव करने से कोई फ़ायदा नहीं, यहाँ से जाते समय सभी कुछ यहीं छोड़ कर जाना पड़ता है।

जब भी मौत का संदेश आ गया, फिर कोई भी यहाँ पल भर ठहर नहीं सकता, चाहे वह बादशाह हो या फ़कीर हो।

फिर सभी को अपने काम अधूरे या पूरे या बीच में ही छोड़ कर चल देना पड़ेगा।

तब तो इतना/समय भी नहीं मिलता कि किसी से कोई सलाह-मशवरा भी कर लिया जाये, या कुछ कह-सुन लिया जाये अर्थात् मौत की घड़ी अटल होती है और फिर वह किसी को पल-भर की मोहलत भी नहीं देती।

72. राग तुखारी

जेती जेती दुनिया राम जी, तेरे कोलों मंगदी। रहाऊ।
कूंडा देई, सोटा देईं, कोठी देईं भंग दी।
साफ़ी देईं मिरचां देईं, बेमिणती देईं रंग दी।
पोस्त देईं बाटी देईं चाटी देईं खंड़ दी।
ज्ञान देईं, ध्यान देईं, महिमा साधु-संग दी।
शाह हुसैन फ़कीर साईं दा, इह दुआए मलंग दी।

(भंग-भांग (नशीली बूटी) रंग-इश्क़ की मस्ती, महिमा-गुण गान करना, साधु संग-फ़कीरों की संगत, मंलग-फ़कीर।)

व्याख्या–यह दुनिया कई तरह की है और तुझसे (परमात्मा) अपने लिए कई कुछ माँगती रहती है। अर्थात् लोगों को दुनिया में जिस चीज़ की कमी महसूस होती है, वह उस सुख को परमात्मा से दुआ द्वारा मांगते रहते हैं।

अपने लिए फ़कीर इश्क़ की भांग की मांग करते हैं ताकि वह अपने प्रभु के इश्क़ में नाम की भांग खाकर मस्त रहें। इस पंक्ति में कुंडा और सोटे में भांग की बूटी को कूट कर पीसने की बात कही गई है।

इसी प्रकार फ़कीर इश्क़ के रंग में रंगने की बात दुहराते हैं, जिसमें धूनी रमाने का ज़िक्र किया है। मगर हुसैन बेहिसाब रंग की बात करते हैं।

अगली पंक्ति में भी नशे की बूटी पोस्त की चर्चा की है, जिसे चाटी में थोड़ी-सी खांड डाल कर पीसा जाता है। इन सब नशों को प्रतीक में लेकर हुसैन इश्क़ की मस्ती की बात करते हैं।

काफ़ी की आखिरी पंक्तियों में शाह हुसैन स्पष्ट तौर पर कहते हैं, हे प्रभु, मुझे ज्ञान-ध्यान के साथ फ़कीरों की संगति करने और उनका गुणगान करने का वरदान देना। यही एक मलंग यानि फ़कीर की दुआ है।

73. राग तिलंग

जोबन गएआ तां धोलिया, रब्बा तेरी मिहर ना जावै।
आया सावणि मन परचावण, सईआं खेड़ण सावें। 1। रहाऊ।
मैं भी डूंघी तुला पुराणा, मऊला पार लंघावै। 1।
इकना वटटीआं पूणीआं इक सूत वणावे। 2।
इक कंतां बाझ विचारीआं, इकनां ढ़ोल कलावे। 3।
कहे हुसैन फ़कीर निमाणा, झूठे बन्नदे नीं दावे। 4।

(सावें-खुशी से नाचना-झूमना, नैं-नदी, तुला-बेड़ी, अऊआ-परमात्मा, ढोल-प्रीतम, कलावे-बाँहों में।)

व्याख्या—जब जवानी चली गयी तो इस बात की चेतना आयी कि अब बुढ़ापा आने वाला है और फिर कभी भी मौत दस्तक दे सकती है। इस दुनिया से जाने का समय जल्दी ही आ सकता है। इसलिए ज़रूरी है, परमात्मा तेरी कृपादृष्टि बनी रहे।

सावन के आने से मन प्रसन्न हो जाता है। सावन के मौसम में सभी सहेलियाँ नाचने-गाने लगती हैं। अर्थात् यहाँ सावन को जवानी के रूप में प्रस्तृत किया है। सावन का महीना मस्ती और नाच-रंग का होता है जो वर्ष में एक ही बार आता है। इस जीवन में जवानी भी सावन के समान एक ही आती है और लोग उसकी मस्ती और राग-रंग में डूब जाते हैं। उस मस्ती में जीवन के उद्देश्य की ओर ध्यान नहीं जाता। जब जवानी बीत जाती है, मस्ती टूट जाती है बुढ़ापा नज़दीक आने लगता है तब चेतना जागृत होती है कि परमात्मा को भी याद कर लेना चाहिए। रहाऊ।

उस जागृत अवस्था में असल सच्चाई का पता चलता है कि इस संसार को पार कर, प्रमात्मा के दरबार में पहुँचने का मार्ग अत्यन्त कठिन है। नदी भी बहुत गहरी है और बेड़ी बहुत पुरानी है। इस नदी से सिर्फ परमात्मा ही पार ले जा सकता है। यहाँ नदी से भाव संसार और बेड़ी से भाव धर्मों, सम्प्रदायों की ओर है। सभी से पार परमात्मा ही ले जा सकता है। 1।

यह रास्ता इसलिए इतना कठिन लग रहा है क्योंकि कुछ लोगों ने पूणी बनाई है कुछ ने सूत बना लिया है। अर्थात् कुछ लोगों पहले ही इस मार्ग को आसानी से पार करने हेतु यहाँ पर अच्छे कर्म किये और किसी-किसी ने इससे आगे कदम बढ़ा कर सूत भी कात लिया, अर्थात् नाम-जाप कर लिया है। 2।

अच्छे कर्मों और प्रभु-सिमरन से दूर कुछ लोग परेशान होते हैं और कुछ लोग इन कार्यों की वजह से अपने प्रीतम की कृपादृष्टि प्राप्त कर लेते हैं। इसी भाव को पति से दूर बेचारी स्त्रियों और पति की गलबहियों में जकड़ी स्त्रियों के रूप में प्रकट किया है। 3।

शाह हुसैन के अनुसार, यहाँ पर झूठे दावे नहीं चलते। अर्थात् दिखावे की भक्ति या झूठे प्रचार से परमात्मा की प्राप्ति सम्भव नहीं। 4।

74. राग जंगला

झुमे झुम खेलि मंझ वेहड़े, जपदिआं नूं हर नेड़े। 1। रहाऊ।
वेहड़े दे विच नदीआं वगणि, बेड़े लक्ख हज़ार।
केती इस विच डूबदी डिठ्ठी, केति लंघी पारि। 1।
इस वेहड़े दे नौं दरवाज़े, दसवें कुफल चढ़ाई।
तिस दरवाज़े दी महिरमु नाहीं, जितु शहु आवहि जाई। 2।
वेहड़े दे विच आला सोहे, आले दे विच ताकी।
ताकि दे विच सेज विछावां, आपणे पीआ संगि रातीं। 3।
इस वेहड़े विच मकनां हाथी, संगल नालि खहेड़े।
कहै हुसैन फ़कीर साईं दा, जागदिआं कऊणु छेड़े। 4।

(बेहड़े-आंगन, केती-कई, कुफल-ऊंची, महिरमु-भेद ताकी-खिड़की, मकनां-मस्त,जागदिआं-चेतना, जागृति, ।)

व्याख्या–इस काफ़ी में शाह हुसैन संसार को आंगन या वेहड़े तुल्य बताते हैं। इस संसार में नाच-रंग में खो कर सभी लोग मस्ती में डूब कर खेलने लगते हैं। इस मस्ती में सब कुछ अपना ही प्रतीत होता है। अर्थात् इस संसार में जीते हुए मनुष्य इसी को अपने जीवन की हक़ीकत मान सभी वस्तुओं और रिश्तों पर अपना अधिकार समझने लगता है। 1। रहाऊ।

संसार में मौज-मस्ती के साथ-साथ प्यार और नाम-जाप की नदियाँ भी बहती हैं। जिसके द्वारा मनुष्य इस संसार से आसानी से पार जा सकता है, परन्तु इन नदियों में भांति-भांति के बेड़े नज़र आते हैं जिनकी गिनती लाखों-हजारों में है। अर्थात कई प्रकार धर्म और सम्प्रदाय या साधु-सन्त, मठ आदि भी इस संसार में मौजूद हैं, जिनके द्वारा इस संसार से पार जाया जा सकता है।

कई लोग इस भवसागर में डूबते देखे हैं और कई लोगों की नैया पार होते भी देखी हैं अर्थात् किसी भी धर्म या मत को अपनाया जा सकता है। मगर कुछ लोग आसानी से पार चले जाते हैं और कुछ को अनेक कठिनाईयों का सामना करना पड़ता है। 1।

इसी संसार में मनुष्य को इन्द्रियों के रूप में नौ दरवाज़े मिले हुए हैं जो उसके शारीरिक अंग है अर्थात् आँखें, कान, नाक, मुँह और मल-सूत्र त्यागने के अंग। इन अंगों के द्वारा वह इस संसार में न सिर्फ जीता है बल्कि यदि चाहे तो इनके सही प्रयोग से परमात्मा की निकटता भी प्राप्त कर सकता है। अन्तर्मन को दसवाँ द्वार कहा गया जिसके अन्दर जाने का रास्ता बहुत कठिन है यूँ समझिये, जैसे अँधेरे

कोठरी या ताला लगी कोई कोठड़ी। जिसमें प्रवेश पाना इतना सरल नहीं होता।

इस दसवें द्वार, का भेद जानना सरल नहीं, मगर सच तो यह है कि इस कोठरी में जाये बिना मनुष्य की गति भी सम्भव नहीं क्योंकि प्रभु का वास मनुष्य के शरीर में इसी हिस्से में होता है जहाँ जाना अत्यन्त ज़रूरी होता है परन्तु प्रवेश करना इतना आसान नहीं होता। अर्थात् मनुष्य को अपने सभी शारीरिक अंगों के साथ-साथ अन्तर्मन को जानना भी अति आवश्यक होता है क्योंकि इस के बग़ैर मनुष्य परमात्मा के भेद या रहस्य को जान नहीं सकता। 2।

इसी संसार में एक तंग-सा रास्ता है, जहाँ पर इस अँधेरी कोठरी में जाने के लिए रोशनी की किरण दिखायी देती है। यह रोशनी एक खिड़की द्वारा नज़र आती है। इस खिड़की से भाव चेतन अवस्था से है जिसके सहारे इस रोशनी की प्राप्ति की जा सकती है।

इसी अवस्था में अपने प्रीतम से मिलने की तैयारी की जा सकती है उसके लिए सेज बिछायी जा सकती है अर्थात् नाम-सिमरन किया जा सकता है। इसी से ही सारी रात अपने प्रीतम के संग गुज़ारी जा सकती है। उसकी भक्ति और बन्दगी में लीन होकर उसके साथ रहा जा सकता है। 3।

मगर यहाँ भी तंग और परेशान करने के लिए कई हाथी आ जाते हैं जो छेड़खानी करते हैं। अर्थात् मन की भटकन को मस्त हाथी से तुलना दी गयी है। चंचल मन मनुष्य को अपने प्रीतम के चरणों में आसानी से समर्पित नहीं होने देता।

इसका इलाज एक ही है। यदि कोई जाग रहा हो तो उसे तंग नहीं किया जा सकता अर्थात् निद्रावस्था या सुप्तावस्था में मन चाहे जैसे मनुष्य को भटका सकता है। परन्तु जब मनुष्य की चेतना जागृत होती है, वह सोच-समझ कर व्यवहार करने योग्य होता है तो उसे इतनी सरलता से अपने मन मुताबिक नहीं चलाया जा सकता। इस पंक्ति में शाह हुसैन मनुष्य को जागृत रहने के लिए प्रेरित करते हैं ताकि कोई भी उस पर हावी न हो सके।

75. राग रामकली

टुक बूझ मन में कऊण है, सब देखु आवागऊण है।
मन अऊर है तन अऊर है, मन का वसीला पऊण है। 1। रहाऊ।
बंदा बणइआ जाप को, तूं केहा लुभाणा पाप को,
तैं सही की कीआ आप को। 1।
इक शाह हुसैन फ़कीर है, तुसीं ना आखों पीर है
जग चलता देखि वहीर है। 2।

(टुक-ज़रा, वसीला-आधार, पऊण-प्राण, जाप-भक्ति, लुभाणा-मोहित होना, पीर-मुर्शिद, वहीर-काफ़िला।)

व्याख्या–ऐ मनुष्य, थोड़ा सा चेतन हो और फिर विचार कर, तेरे मन में क्या है। तेरे अन्तर्मन में किसका वास है। तुझे किसकी प्राप्ति की चाह है वहीं प्राप्ति ही अन्तिम सच्चाई है बाकी सब तो आवागमन ही है। यहाँ आना, जीवन बिताकर यूँ ही चला जाना है। क्या तूने आने-जाने के लिए ही जन्म लिया है?

मनुष्य के शरीर में मन का निवास होता है परन्तु यह दोनों एकदम अलग-अलग है। मन की भाषा, अभिव्यक्ति और प्राप्ति शरीर से सर्वथा भिन्न होती है, शरीर स्थूल है, मन सूक्ष्म है। मन का आधार यह जीवन और प्राण है। प्राण तो शरीर में भी बसते हैं परन्तु इस प्राण से भाव प्रभु से है इसलिए शरीर और मन में इतना अन्तर होता है। 1। रहाऊ।

मनुष्य को इस संसार में भक्ति-बन्दगी और जाप द्वारा प्रभु की प्राप्ति के मकसद से भेजा गया था। लेकिन हुआ क्या, मनुष्य पाप की दुनिया से इतना आकर्षित हो गया कि उसे अपने जीवन का असल मकसद ही भूल गया और वह दुनियावी चमक-दमक में खो गया।

मगर इसके बावजूद मनुष्य अपने-आप को सही मानता है और खुद को सही साबित करने के अनेक यत्न करता है। 1।

शाह हुसैन कहता है, उसका फर्ज़ समझाना है, मनुष्य को जागृत करना है। वह कोई बहुत बड़ा पीर या मुर्शिद नहीं है। न ही उसे बहुत बड़ा पीर माना जाये, वह सिर्फ एक फ़कीर है जो इस दुनिया के लगातार चलते काफ़िले और उसकी खायत को देख रहा है। वैसे तो यह दुनिया यूँ ही इसी प्रकार चलती रही है, चलती जायेगी प्ररन्तु यदि मनुष्य अपने आने के मक़सद की प्राप्ति के लिए कुछ यत्न करेगा तो उसके जीवन के हित में ही होगा। 2।

76. राग जैजैवंती

डेख ना मैंडे अवगण डाहूँ तेरा नाम सत्तारी दा। 1। रहाऊ।
तूं सुल्तान सो किछ सरदा मालम है तैनूं हाल जिगर दा,
तऊ कोलों कछु नाहीं पढ़दा, फोलि ना ऐब विचारी दा। 1।
तूं ही आकल, तूं ही दाना, तूं ही मेरा करि खस्माना,
जो किछु दिल मेरे विच्च गुज़रे, तूं महरम गल्ल सारी दा। 2।
तूंहें दाता तूंहें भुगता, सभ किछु देंदा मूल ना चुकदा।

तूं दरिआऊ मिहर दा वाहिंदा, मांगनि कुरब भिखारी दा। 3।
ईहु अरज़ हुसैन सुणावै, तेरा कीता मैं मन भावै,
दुख दरद किछु नेड़ ना आवै, हरदम शुक्र गुज़ारी दा। 4।

(डेख-देख, डाहूं-गिराने वाला, सत्तारी-परमात्मा, सरदा-समर्थ, मालूम-जानने वाला, आकल-अक्लमंद, दाना-समझदार, खसमाना-मालिक, महरम-भेद जानने वाला, दाता-देने वाला, भुगता-भोगने वाला, चुकदा-भूलना, कुरब-नीचापन।)

व्याख्या—ऐ परमात्मा! तू मेरे अवगुण न देख। क्योंकि मैंने ही तेरे नाम को डुबो दिया है, उस पर बट्टा लगा दिया है। अर्थात् मनुष्य गलतियों का पुतला है। वह अवगुणों से भरा हुआ है। उसी कारण परमात्मा के नाम पर कई बार उलझनें पैदा हो जाती हैं। असल कसूरवार आदमी ही है। रहाऊ। 1।

अब परमात्मा के आगे मनुष्य की बिसात ही क्या है तू तो सुल्तान है। तू सब कुछ करने की सामर्थ्य रखता है। तू सभी कुछ तो जानता है। तुझे मेरे जिगर का हाल भी मालूम है क्योंकि तू तो सर्वज्ञाता है।

तुझसे आखिर कोई पर्दा किया भी कैसे जा सकता है? तुझसे कोई भी भेद छुपाया नहीं जा सकता। जब सभी कुछ मालूम ही है, फिर क्यों तू मेरे ऐब या बुरी आदतों की छानबीन कर रहा है। 1।

तू स्वयं ही अक्लमंद है, समझदार और तू ही मेरा मालिक है।

मेरे दिल में आने वाली हर बात, जो अच्छी हो या बुरी, तू सब भेद ज़ानने वाला है। 2।

तू ही मनुष्यों को सभी कुछ देने वाला है। उनके अन्तर्मन में रह, तूं ही सभी कुछ भोगने वाला भी स्वयं है। मगर फिर भी तू इस सबसे किनारा करके रहना चाहता है और मूल बात की ओर आना नहीं चाहता। अर्थात् प्रभु सर्वज्ञाता होने के बावजूद मनुष्य को अपनी चेतना और समझदारी अनुसार काम करने के अवसर प्रदान करता है।

परमात्मा तो हर समय देने वाला है। वह तो बहता हुआ दरिया है। सभी पर बख़्शीश करने वाला और कृपादृष्टि बनाये रखने वाला है। परन्तु यह तो मनुष्य की अपनी समझ पर निर्भर है कि वह उस परमपिता से क्या माँगता है। असल में वह (मनुष्य) हर समय उससे दुनियावी वस्तुओं जैसे छोटी चीज़ों की माँग ही करता है जबकि परमात्मा अनन्त, अपार है। उससे मन की मुक्ति के लिए भी सब कुछ मांगा जा सकता है। 3।

हुसैन की अर्ज़ यही है कि मैं वही चाहता हूँ, जो तो मन को भाता हो। तू मुझे वही प्रदान कर, जो तू समझता है कि वह मेरे फायदे के लिए है।

इसके साथ ही मेरी यही विनती है कि कोई भी दुख-दर्द पास न आये और मैं हर समय तेरी बख़्शीशों के लिए तेरा कोटि-कोटि धन्यवाद करता रहूँ। 4।

77. राग जैजैवंती

तारीं साईं रब्बा वे मैं औगुणिआरी।
सभ सईआं गुणवंतीआं, तारीं रब्बा वे मैं औगुणिआरी।
भेजी सी जिस बात नो प्यारी री, साईं बात विसारी।
रल मिल साईआं दाज रंगाईआ प्यारी री, मैं रही कुआरी।
अंगण कूड़ा वत्त गईआं, मुड़ देहि बुहारी।
भै साईं दे परबत डरदे, मैं कवण विचारी।
कहै हुसैन सहेलिऔ, अमल बाझ खुआरी।

(विसारी-भूला देना, अंगण-आंगन(मन), वत्त-फिर, बुहारी-झाड़ू, अमली-बुरी आदतें, खुआर-ख़राबी।)

व्याख्या—ऐ परमात्मा! मैं तो अवगुणहारी हूँ। तुम मुझे बख़्श देना। मेरे अवगुणों को भुला देना और मुझे अपने चरणों में स्थान देना।

अन्य जितनी भी स्त्रियाँ (जीवात्माएं) हैं, वह सभी गुणवंती हैं, क्योंकि उनमें अच्छे संस्कार हैं। अच्छे कर्मों के चलते उन्हें कोई भी डर नहीं है। डरना उस जैसी अवगुणहारी स्त्री को पड़ता है जिसने इस संसार में आकर कोई भी ढंग का काम नहीं किया। फिर भी मेरी अर्ज़ यही है कि तुम बख़्शने वाले हो, मुझे बख़्श देना।

जो अच्छे संस्कार देकर प्रभु ने मुझे इस संसार में भेजा था, मैंने उन त्यारी बातों को ही भुला दिया।

अन्य सहेलियों ने सत्संग के द्वारा, अच्छे कर्मों के द्वारा अपने साथ ले जाने दहेज़ को तैयार कर लिया। प्रीतम ने उन्हें अपने पास बुला भी लिया, जबकि हर काम में अनाड़ी होने के कारण मैं दहेज़ तैयार ना कर सकी, इसलिए क्वाँरी रह गयी।

मेरे मन में बुरे विचारों ने गन्दगी फैलायी हुई थी, मैंने साधु-सन्तों के प्रवचन सुन अपने मन की गन्दगी को दूर करने का प्रयास किया।

उस परमात्मा से तो बड़े-बड़े पर्वत भी ड़रते हैं, भला मेरी क्या बिसात है? अर्थात् पर्वतों पर भी उस परमात्मा का ही ज़ोर चलता है, मनुष्य तो एक तुच्छ प्राणी है।

ऐ मनुष्य, बुरी आदतों को छोड़ देने पर ही तुम कुछ अपना सँवार करते हो। बुरी आदतों से भाव बुराई और स्वार्थ इत्यादि से है परमात्मा को पाने में यह सबसे बड़ी रुकावट बनते हैं।

78. राग धनासरी

तिन्नां गम केहा साईं जिन्नां दे वल्ल। 1। रहाऊ।
सोहणी सूरत दिलबर वाली, रही अखीं विच गल्लि। 1।
इकु पल सज्जण जुदा न थीवैं, बैठा अंदरि मल्लि। 2।
कहै हुसैन फ़कीर साईं दा, चल्लण अज्जु कि कल्ल। 3।

(दिलबर-माशूका (परमात्मा), जुदा-अलग, थीवैं-रहा।)

व्याख्या—उन्हें दुखी होने की ज़रूरत नहीं, जिन पर परमात्मा की कृपादृष्टि बनी होती है। अर्थात् जो लोग परमात्मा की भक्ति में समर्पित हो जाते हैं, फिर उन्हें किसी प्रकार का दुख-दर्द नहीं सताता। 1।

जो प्रभु के इश्क़ में लीन हो जाते हैं, उनकी बात ही और होती है। उनकी आँखों में उनके दिलबर की सुन्दर सूरत बस जाती हैं और आँखों से ही उसके मन की बात समझ जाता है। 1।

इसी इश्क़ में डूबे लोग समझते हैं कि वह एक पल भी अपने प्रतीम से जुदा नहीं होना चाहते हैं। वह चाहते हैं कि वह उनके अन्दर आसन मल कर बैठा रहे। 2।

हुसैन का कहना है कि जब उनका साईं उन्हें अपने साथ चलने को कहेंगे, वह उठ कर चल देंगे। अर्थात् अपने प्रीतम पर पूरा विश्वास होना चाहिए। वह जैसा चाहे, वैसा करने के लिए तैयार रहना चाहिए। 3।

79. राग कल्याण

तेरी श्हु रावण दी वेरा, सुती है तो जाग,
मोढ़े तेरे दोइ जणे, लिखदे नी ऐब सवाब। 1।
इह वेला ना लहिसे कुडीऐ, थीसें तूं बहुत खराब। 2।
कहै हुसैन शहु लेखा पुछसी, देसे तूं कवणु जवाब। 3।

(मोढ़े-कंधे, ऐब-बुरी आदतें, सवाब-पुण्य।)

व्याख्या—तेरे जाने की बारी आने ही वाली है, यदि तू सो रही है तो अब जाग जा। सोने और जागने से भाव दुनिया की चमक-दमक में खोना और जागना जागृत होने को प्रस्तृत करता है।

एक मिथ अनुसार, माना जाता है कि मनुष्य के दोनों कंधों पर दो दूत बैठे होते है जो मनुष्य के अच्छे-बुरे कर्मों का लेखा लिखते रहते हैं। उसी मिथ की ओर

इशारा करते हुए उसी बात को दुहराया गया है। 1।

यदि इस समय भी तू जागृत ना हुआ तो तेरे लिए बहुत खराब होगा। अर्थात् समय रहते ही जागृत होना ज़रूरी है। 2।

हुसैन का कहना है कि यदि शहु न जाने पर कर्मों का लेखा-जोखा माँग लिया तो तुझे जवाब देने में कोई परेशानी न हो यानि अच्छे कर्मों के बारे में बताने से शर्मिन्दा नहीं होना पड़ेगा। 3।

80. श्री राग

तुसी बई न भुलो, काई जे मैं भुलीआं।
प्रेम प्याला सतिगुरु वाला, पीवति ही मैं झुलीआं। 1। रहाऊ।
लोक लाजि कुल की मिरजादां डालि सजण वलि चुलीआं। 2।
कहै हुसैन फ़कीर साईं दा, नामु तेरे मैं हुलीआं। 3।

(सतिगुरु-मुर्शिद, झुलीआं-मस्त हो गयी, मिरजादा-रीत, परम्परा, हुलीआं-मशहूर हो गयी।)

व्याख्या—यदि मैं परमात्मा को भूल चुकी हूँ तो अन्य लोगों को चाहिए कि वह प्रभु को न भूले। क्योंकि आमतौर से लोग परमात्मा को जल्दी ही भूल जाते हैं।

मगर जब से मैंने अपने गुरु से प्रभु के इश्क़ का प्याला पिया पीते ही मैं मस्त हो गयी। प्रभु के इश्क़ में इतनी मस्ती और दीवानगी है कि मैं उसे कुछ भूल ही गयी। 1। रहाऊ।

लोक-लाज की मर्यादा भूल कर मैं अपने साजन की ओर चल पड़ी हूँ। जब प्रभु की भक्ति में या उसके इश्क़ में कोई दीवाना हो जाये, फिर उसे दुनिया की कोई परवाह नहीं रहती। उसके अपने साजन के अलावा न कोई और सूझता है और न ही दिखाई देता है। 2।

मैं फ़कीर तेरे नाम से जुड़ने पर ही मशहूर हो गया हूँ। 3।

परमात्मा के नाम को भूलना नहीं चाहिए।

81. राग बसन्त

तुसीं मति कोई करो गुमान, जोबन धन ठग्गु है। 1। रहाऊ।
हंसां दे भुलावे भली, झोली लीता बग्ग है। 2।
पब्बण-पत्र ऊपरि मोती, तिवही सारा जग्ग है। 3।

निंदिआ, धोह, बखीली, चुगली, नित्त करदा फिरदा ठग्ग है। 4।

कहैं हुसैन सेई जग्ग आए, जिन्हां पछाता रब्ब है।

(गुमान-अंहकार, बग्ग-बगुला, पब्बण-पत्र-पत्ता, कंवल का पत्ता, मोती-तेल की बूँद, धोह-धोखा, बखीली-चुगली।)

व्याख्या—शाह हुसैन की सीख है कि तुम कोई भी अहंकार मत पालो, क्योंकि यौवन और धन ठग के समान है। जो आकर्षित करते हैं, वह भ्रम देते हैं। जिस कारण मनुष्य अपने-आप पर गर्व महसूस करने लगते हैं, जबकि यह सब झूठ होता है। 1। रहाऊ।

यह भ्रम इस प्रकार से है जैसे हंस के भुलावे में कोई बगुले को अपनी गोद में बिठाये हुए हो। देखने में हंस और बगुला एक समान दिखाई देते हैं, परन्तु उनके स्वभाव में जमीन-आसमान का अन्तर होता है। हंस और बगुले के प्रतीक में शाह हुसैन ने सच और झूठ का फ़र्क समझाया है। 2।

यह गुमान और भ्रम कंवल के पत्ते पर पड़ी बूँद के समान है। यह संसार बस उस बूँद के समान ही है। इस सभी उदाहरणों से शाह हुसैन यह समझाने का यत्न करते हैं कि इस दुनिया को एक सपने की भांति माना जाये। जिसमें यदि धन और यौवन मिलते हैं तो खोखले और थोथे हैं, जिन पर अंहकार करना ही मूर्खता है क्योंकि इसकी अहमियत तो पत्ते पर पड़ी बूँद के समान है, जो अस्थिर होती है। 3।

बावजूद इसके, यहाँ बसते लोग अपने स्वार्थ हेतु एक-दूसरे से आगे बढ़ने के लिए निंदा, चुगली और धोखे को अपनाते हैं। जबकि यह सब ठगी करने का कोई अर्थ ही नहीं होता। यह संसार ही एक धोखे से ज्यादा कुछ नहीं है। 4।

हुसैन का कहना है कि इस संसार में उनका ही आना सफल है जो परमात्मा का गान करते हैं, वहीं इस संसार में रहने लायक हैं। 5।

82. राग बसन्त

तुसीं रलमिल देहु मुमारखां, मेरा सोहण सज्जण घर आया ही। 1। रहाऊ।
जिस सज्जण नूं मैं ढूंढ़ेंदी वत्तां, सो सज्जण मैं पाया ही। 2।
बेहड़ा तां अंङण मेरा भएआ सुहावणां, माथे नूर सुहाइआ ही। 3।
कहै हुसैन फ़कीर निमाणा, मुर्शिद दोस्त मिलाइआ ही। 4।

(मुमारखां-मुबारकें, वत्तां-फिरती हूँ, सुहाइआं-सुन्दर लगता है, मुर्शिद-कामल, गुरु।)

व्याख्या—आप सभी लोग मिल कर मुझे मुबारक दो, क्योंकि मेरा साजन मेरे घर

में आया है। अर्थात् जिस व्यक्ति के मन में प्रभु के मिलन की लौ जागृत हो जाती है और वह इसमें डूबने लगता है और अन्तर्मन में उस प्रभु के वास को निकटता से महसूस करने लगता है तो यह एक आनंददायक स्थिति होती है जिसके लिए खुशी को प्रकट करने के लिए बधाई और मुबारक देनी ज़रूरी हो जाती है। 1। रहाऊ।

जिस प्रीतम या साजन को जीवात्मा ढूंढ रही थी, वह साजन उसे अन्ततः मिल ही गया, जिस कारण उसकी खुशी का अन्त नहीं। 2।

मेरे मन में जब से उस साजन का आगमन हो गया है, तब से मुझे अपना-आप भरा-पूरा दिखायी देता है और माथे और चेहरे पर दिखायी देती चमक इसका ही संकेत है। जब किसी के हृदय में प्रभु का वास हो जाता है और वह उसे रूह में महसूस करने लगता है तो स्वाभाविक तौर पर ही उस लौ की चमक चेहरे और व्यवहार से भी प्रकट होने लगती है, जिस ओर इशारा किया है। 3।

परन्तु इस साजन को मनुष्य के हृदय में प्रकट करवाने वाले मुर्शिद या गुरू का सबसे बड़ा हाथ होता है। मुर्शिद के बताये रास्ते पर चलकर आसानी से परमात्मा को पाया जा सकता है। परमात्मा को महसूस करने की अवस्था को शाह हुसैन ने आरम्भ में प्रकट किया है। 4।

83. राग तिलंग

तुझै गोरि बुलावै घरि आऊ रे।
जो आवै सो रहण न पावैं, किआ मीर मलक ऊमराऊ रे। 1। रहाऊ।
हम दम नामु समालि साईं दा, एक अऊसर एह दाऊ रे।
कहे हुसैन फ़कीर निमाणा, आखर खाक़ समाऊ रे। 2।
(गोरि-क़ब्र, उमराऊ-अमीर, अऊसर-मौका (जीवन) दाऊ-दांव, वक्त।)

व्याख्या—ऐ मानुस! तुझे तेरा घर बुला रहा है। तेरा घर, जहाँ तुझे स्थायी तौर पर रहना है, जो तेरा आखिरी पड़ाव है, वह क़ब्र है—जहाँ तुझे जा कर समा जाना है। वहीं तुझे जाना है।

इस जगत में जो भी आता है, वह सदा के लिए यहाँ रह नहीं पाता, क्योंकि उसे क़ब्र में जा कर रहना है। इस मामले में अमीर-गरीब या ओहदेदारी आदि का कोई भेद नहीं है। सभी अमीरों, बादशाहों और बड़ी-बड़ी जायदादों के मालिकों को यहाँ से जाना ही पड़ता है। अर्थात् यदि कोई धनी या अमीर है, तो भी वह उस धन आदि के बल पर इस दुनिया में स्थायित्व प्राप्त नहीं कर सकता। इस से अप्रत्यक्ष रूप से धन, संपत्ति का होना व्यर्थ बताते हैं, जो तुम्हें अमरत्व प्रदान नहीं करवा सकते। 1। (रहाऊ।)

तुम्हें सिर्फ हरदम प्रभु के नाम का जाप करना चाहिए क्योंकि यह जीवन एक ही बार मिलता है। इस अवसर को व्यर्थ में ही गंवा देना ठीक नहीं। इस अवसर का सदुपयोग करते हुए प्रभु का गुणगान करना चाहिए। 1।

आखिर में ख़ाक में जाकर समा जाना है, इसलिए जब तक जि़न्दा हो, उस प्रभु में ध्यान लगाना चाहिए। आखिरी सत्य उसका नाम है और मनुष्य की सच्चाई यह है कि वह मिट्टी में मिल जाता है। 2।

84. राग सूही

थोहड़ी रहि गईऔ रातड़ी, सहु साविओं नाहीं।
धन्न सेई सुहागणी, जिन पीआं गलि बाहीं। 1। रहाऊ।
इक अनेरी कोठड़ी, दुआ दीवा ना बाती।
बाहों पकड़ि जमु लै चल्ले, कोई संगि ना साथी। 1।
सुती रही कुल्लखणी, जागी वड़भागी।
जागनि की बिधि से लहै, जिस अन्तर लागी। 2।
कहै हुसैन सहेलिऔं, सहु कित बिधि पईऔ।
करि साहिब दी बंदगी, रैणि जागृित रहीऔ। 3।

(रातड़ी-रात, राविऔ-प्यार करना, जमु-मौत का फरिश्ता, यमराज, वडभागी-भाग्यवान, रैणि-रात।)

व्याख्या–अब रात बहुत थोड़ी रह गयी है, लेकिन मैंने यहाँ कुछ भी नहीं किया अर्थात् यह जीवन अब समाप्ति पर है, लेकिन मुझे अपने प्रीतम का प्यार नहीं मिला। सारा जीवन बिता दिया, मगर अक्ल नहीं आयी और प्रभु में ध्यान नहीं लगाया। इसी कारण मुझ पर प्रभु की कृपा दृष्टि नहीं हुई।

वह स्त्रियाँ (जीवात्माएँ) ही सुहागनें कहलाती हैं, जिनमे गले में प्रीतम की बाँहे पड़ी हों अर्थात् जीवात्मा परमात्मा की सुहागन तभी बन सकती जब वह प्रभु के रंग में रंगी होती है तभी परमात्मा उनको अपने चरणों में स्थान देता है। रहाऊ। 1।

उस मुझे अँधेरी कोठरी में समा जाना है जो कि कब्र है। उसमें कोई भी दिया-बाती नहीं होती। उस अँधेरे में प्रभु का नाम ही रोशनी प्रदान करता है। अंधेरी कोठरी में जाने के लिए कोई तैयार नहीं होता, मगर यमराज हाथ पकड़ कर साथ ले जाता है और वहाँ अकेले ही जाना पड़ता है और रहना पड़ता है। वहाँ कोई भी संगी साथी साथ नहीं जा सकता। सिर्फ प्रभु का नाम ही सहारा बनता है। 1।

इस नाम का हकदार वही स्त्री (जीवात्मा) बनती है जो जागृत रहती है। वह

दुनिया की चमक-दमक में खो नहीं जाती। खोने से भाव ही सो जाने से है।

जिसके अन्तर्मन में प्रभु की लौ लग जाती है, वही लौ उसे जागृत रखती है। 2।

ऐ सहेलियो, शहु को पाने इतना कठिन नहीं है। इसके लिए सिर्फ प्रभु की बन्दगी करनी ज़रूरी है, इसके लिए रात को जागना चाहिए। रात से भाव आखिरी समय पर चेतन होना चाहिए, तभी प्रभु की निगाह अपने भक्तों पर पड़ेगी।

85. राग सूही

दरद विछोड़े दा हाल, नी मैं कैनूं आखां।
सूलां मार दीवानी कीती, बिरहुं पइआ साड़े ख्याल नी, मैं कैनूं आखां।
सूलां दी रोटी, दुखां दा लावण, हड्डा दा बालण बाल नी, मैं कैनूं आखां।
जंगल जंगल फिरा ढूँढेंदी, अजे न आया माहीवाल नी मैं कैनूं आखां।
रांझण रांझण फिरा दूढेंदी, रांझण मेरे नाल नी मैं कैनूं आखां।
कहै हुसैन फ़कीर साईं दा, वेख निमाणिआं दा हाल नी, मैं कैनूं आखां।
(कैनूं-किसकी, सूलां-शूल, ख्याल-पीछे पड़ना, ढूंढेंदी-ढूँढ़ती, लावण-सब्जी।)

व्याख्या–अपने प्रीतम से बिछुड़ जाने की व्यथा मैं किसे सुनाऊँ? किसे बताऊँ?

उससे बिछुड़ जाने का ग़म शूल चुभने समान है। मगर उसकी बिरहा अब मेरा पीछा नहीं छोड़ती। असल में मैं उसके गम में इतना डूब जाना चाहती हूँ कि और किसी का ख्याल ही मुझे न आए।

अपने प्रीतम को पाने के लिए मैं स्वयं को शारीरिक कष्ट भी देने को तैयार हूँ, जैसा कि अक्सर लोग करते हैं। वह खुद को ज्यादा से ज्यादा कष्ट दे अपने प्रीतम को पाने का प्रयास करते हैं। इस पंक्ति को इस तरह से भी देखा जा सकता है कि प्रीतम के वियोग में कोई भी शारीरिक सुख सुहाता नहीं। यूँ लगता है जैसे इस संसार में शूलों पर बैठ कर जीवन जिया जा रहा है। मगर अपनी इस हालत के बारे में मैं किससे कहूँ।

कई लोग परमात्मा को जंगलों में ढूँढ़ते हैं। इसी विचार को बयान किया गया है कि खुद को अनेक शारीरिक कष्ट भी देकर देख लिया। परमात्मा को समाज और परिवार से दूर जा, एकान्त में जंगलों में भूखे-प्यासे रह और भटक कर भी देख लिया, परन्तु अभी तक रास्ता दिखाने वाला वह 'माहीवाल' परमात्मा की प्राप्ति नहीं हो सकी। परन्तु इस सबके बारे में मैं किसे कहूँ।

इस पंक्ति में आकर बात बदल जाती है, क्योंकि इसमें वह बताते हैं कि मै जीवात्मा अपने राँझा (जीवात्मा) को कहाँ-कहाँ ढूँढ़ती फिर रही हूँ, जबकि मुझे मालूम ही नहीं कि वह तो मेरे पास है। मेरे अन्तर्मन में बसा हुआ जिसे मैं अपने-अन्दर को छोड़ कर बाकी सभी जगहों पर ढूँढ़ती रही। जब यह बात, यह भेद मुझे समझ में आ ही गया है, मगर इस भेद को भी किसे जा कर बताऊँ। क्या मेरी बात पर कोई यक़ीन करेगा?

हुसैन उन लोगों पर तरस करता है जिन लोगों की इस बात की समझ ही नहीं आती कि परमात्मा उनके अपने अन्तर्मन में ही बसा हुआ है। यह बात वह मूर्ख लोगों को कैसे समझायें, यह किससे जाकर कहें?

इस काफ़ी 'मैं कैनूं आखां', को बार-बार दुहाराया गया है, परन्तु उसका अर्थ हर पंक्ति के साथ मिल कर बदल जाता है। कभी उसमें उदासी है, कभी बेचारगी, कभी तरस और कभी समझा न पाने की बेबसी व्यक्त की गयी है।

86. राग कल्यान

दिहुं लथ्थां ही हरट ना गेड़ नी। 1। रहाऊ।
सईआं नलि घर वंझ सवेरे कूड़े झेडू ना झेड़ि नीं। 1।
इकनां भरिआ इक भर गईआं, इतनां नूं भई अवेर नी। 2।
पिछ्छो दी पछतासें कुड़ीऐ, जदूं पऊसीआ घुंमणघेर नी। 3।
कहै हुसैन फ़कीर साईं दा इथ्थे वति नहीं आवणा फेरि नीं। 4।

(दिहुं-दिन, लथ्थां-खत्म हो गया, वंझ-जाना, कूड़े-झूठे, झेडु-झगड़े, अवेर-देर, वति-फिर।)

व्याख्या—दिन बीत गया है अब हरट (पम्प) को मत गेड़ो (चलाओ) अर्थात् हरट से भाव प्रभु-मार्ग पर चलने की तेज़ी दिखाने की ओर संकेत किया गया है। समय रहते, जब जीवन था, तब प्रभु के नाम या उसकी भक्ति की ओर ध्यान नहीं दिया। जब देखा कि बुढ़ापा आ गया है तो ज़ोर-ज़ोर से उसके नाम का जाप करना आरम्भ कर दिया। जैसे पानी न निकलने पर पम्प को ज़ोर से चलाया जाता है, शायद पानी तेज़ी से निकल आये। मगर इस प्रकार की कोशिश प्रभु-भक्ति में करना सम्भव नहीं है। रहाऊ। 1।

अब तो भलाई इसी में है कि अपने साईं (गुरु) के साथ घर वापस लौट जाओ, क्योंकि रात में (आखिरी समय) किया गया प्रयत्न बहुत ज्यादा सार्थक प्रतीत नहीं होता। परन्तु इसके लिए बाकी लोगों या धर्मों को मानने वालों से झगड़ा या बहस

करना ठीक नहीं। यह सभी झगड़े फालतू के और व्यर्थ के हैं। अपनी नासमझी का दोष दूसरे किसी को देना सर्वथा अनुचित है। अब शांति और समय से लेना चाहिए। 1।

कुछ लोगों ने उस हरट से पानी भर लिया है, कुछ लोग भर रहे हैं और कुछ को काफी देर भी हो गयी है। अर्थात् प्रभु के नाम की कृपा रूपी अमृत से कई लोगों का मन ओत-प्रोत हो गया है, कुछ लोग दीक्षा ले रहे हैं। लेकिन काफी सारे लोग ऐसे भी है जिनका अभी भी इस ओर ध्यान नहीं गया। वह अपना कीमती समय गंवा रहे हैं। जब तक उन्हें इस बात की सुधि आयेगी, हो सकता है तब तक काफी देर हो चुकी हो, शायद इस संसार से जाने का समय निकट आ जाये। 2।

उस समय वह लोग पछतायेंगे, जब इस भवसागर में पार करने में कठिनाई आयेगी। उस समय इस बात की अहमियत याद आयेगी कि उन्होंने जीवन के असल मक़सद की अवहेलना की और इसलिए आखिरी समय में कई प्रकार के दुख और संकट भोगने पड़ रहे हैं। 3।

यह पछतावा इस लिए भी बढ़ जायेगा, क्योंकि फिर इस संसार में आना सम्भव नहीं। यह जीवन एक ही बार प्राप्त होता है। यदि इसमें अपने लक्ष्य की प्राप्ति नहीं की, फिर यह दुबारा हासिल नहीं होता। इसलिए उचित यहीं है कि जो भी हो सके और जितना भी सम्भव हो सके, इसी जन्म में प्रभु को पाने का प्रयास करना चाहिए। 4।

87. राग खट्ट

दिन चारि चऊगान मैं खोल खड़ी, देखां कऊण जीतै बाजी कऊण हारै।
घोड़ा कऊण का चाकि चालाकि चाले।
देखा हाथि हिम्ति करि कऊण डारै। 1। रहाऊ।
इस जीऊ परि बाजीआं आन पड़ी, देखां गोइ मैदान मैं कऊण मारै। 2।
हाय हाय जहानि पुकारता है, समझि खेल बाजी शाह हुसैन प्यारे। 3।
(चऊगान-खेल, चाकि-घुड़सवार, डारै-हाथ डालना।)

व्याख्या—मैं कई दिनों से इस खेल को (जिसमें घुड़सवार खेलते है) देख रही हूँ। देखना चाहती हूँ कि इस खेल को, इस बाज़ी को कौन जीतता और कौन हारता है इसमें घुड़सवारों से भाव मनुष्यों से है। मन की तुलना घोड़े से की जाती है, क्योंकि वह सरपट भागता है। अर्थात् मन के घोड़े से मनुष्य किस प्रकार बाजी जीतता है। यहाँ बाजी जीतने को अनेक अर्थों में देखा जा सकता है। मन की लगाम को काबू

करने वाला भी जीतता है और मन की दौड़ से तेज़-तेज़ दौड़ कर दुनिया के सभी भौतिक सुखों की प्राप्ति करने वाला भी जीत का हकदार बनता है। परन्तु अप्रत्यक्ष रूप से यह बाजी दुनियावी नहीं, आध्यात्मिकता की है जिसे जीतना बेहतर है।

घुड़सवार बहुत तेज़ और चालाक चालें चलता है अर्थात् मन को काबू करना अत्यन्त कठिन होता है। क्योंकि यह चंचल मन भटकाव के नये रास्ते खोज निकालता है। इस मामले में यह बहुत ही चालाक होता है। मन स्वयं ही घुड़सवार बन मनुष्य को अपने काबू में ले लेता है।

अब देखना यह है कि इस बेलगाम घोड़े को नाल डालने की हिम्मत कौन करता है? अर्थात् जो मनुष्य मन की चंचलता को जान, उसके स्वभाव के अग्रसर भाव को पहचान लेता है, वह इसके दवाब को परे हटाने की कोशिश करता है। वह इस घोड़े को काबू करने के लिए इसके दवाब में नहीं आता बल्कि नाम-ध्यान के बलबूते पर इसकी चंचलता और चालाकी को अपने दवाब में ले लेता है। 1। रहाऊ।

इस खेल में मन को काबू कर बाज़ी जीतने वाला ही विजेता कहलाता है। उसे इस मैदान को मार लेने का हक़ प्राप्त होता है। 2।

इस खेल को समझने की बात है। जो इस बाज़ी को सही ढंग से जीत लेता है, वही परमात्मा को पाने का भी हक़दार बनता है। असल बात इस बाज़ी को समझने की है, लोग इसके समझे बग़ैर ही हाय-तौबा मचाने लगते हैं। 3।

88. माझ काफ़ी

दिल दरदां कीती पूरी नीं, दिल दरदां कीती पूरी। 1। रहाऊ।
लखि करोड़ जिहनां दे जुडिआ, सो भी झूरी-झूरी। 1।
भठ्ठि पई तेरी चिट्टी चादर, चंगी फ़कीरां दी भूरी। 2।
साधि संगति दे औहले रहिंदे, बुध्ध तिन्हां दी सूरी। 3।
कहै हुसैन फ़कीर साईं दा, ख़लकत गई अधूरी। 4।

(पूरी-भर दिया, झूरी-झूरी-पछताना, भूरी-कंबली, लोई, साधि-संगत-सूफी संगत, औहले-ओट में, सूरी-मूर्ख, खलकत-संसार, अधूरी-अपूर्ण।)

व्याख्या–यह दिल अनेक दर्दों और ग़मों से भरा हुआ है। अर्थात् इस दिल में मोह-ममता और माया जाल सम्बन्धी अनेक बातों भरी होती हैं, जबकि इन सभी का नाता दुखों से ही होता है। मगर नासमझी में मनुष्य इन दुखों से ही स्वयं को भरा-पूरा महसूस करता है। उसमें प्रभु के नाम के लिए कोई स्थान नहीं होता, इसलिए भी वह दुख भोगता है। रहाऊ। 1।

जिनके पास लाखों-करोड़ों की संपत्ति होती है, वह भी दुखी महसूस करते हैं। अर्थात् प्रभु-भक्ति के बगैर सुख की प्राप्ति सम्भव नहीं और इसी कारण पछताना पड़ता है। 1।

समाज में संसार में रहते हुए मनुष्य अपने बाहरी परिपेक्ष्य को साफ-स्वच्छ रखने में ही उलझा रहता है। यह बाहरी आडम्बर उसे पदार्थवादी बनाते हैं, परन्तु वह इन्हें ही जीवन जीने का एक ज़रिया समझता है। समाज में उज्ज्वल छवि को ही सफेद चादर तुल्य कहा गया है, जिसके नीचे कई भोगवादी विकार पलते रहते हैं। संसार में मनुष्य दोहरा जीवन जीता है जबकि यदि वह फ़कीरी धारण कर ले तो उसे समाज में अपनी इज़्ज़त या साफ सुथरी छवि से कोई लेना-देना नहीं रह जाता है। वह अन्दर-बाहर से एक जैसा व्यवहार करता है। फ़कीरों द्वारा लपेटी हुई लोई या कंबली भूरे रंग की होती है या वह समय के साथ-साथ अपना असल रंग गंवा कर भूरे रंग में तब्दील हो जाती है। उस पर पड़ा कोई भी दाग़ स्पष्टता से नज़र नहीं आता। सभी भाव-विकार उसमें खो जाते हैं। ना ही फ़कीरों को इस बात की परवाह होती है कि लोग या समाज उनके बारे में क्या कहता है। वह मस्त-सा सभी से एक जैसा व्यवहार करते और हरेक स्थिति में सम्मान से जीते हैं। इसलिए दुनियादारी जीव से फ़कीरों को बेहतर कहा गया है। 2।

जो लोग बेशक फ़कीरी धारण नहीं करते परन्तु यदि साधु-संगतों की संगति करते है तो उन्हें दिशा-निर्देश प्राप्त होता है। वह फ़कीर न होने के बावजूद प्रभु के मार्ग पर चलने योग्य होता है। लेकिन वह मूर्ख है जो साधुओं या फ़कीरों की संगति से भी दूर रहते हैं और उनसे कुछ भी सीखने की ज़रूरत नहीं समझते। 3।

इसी कारण शाह हुसैन की नज़र में यह दुनिया अपूर्ण लोगों से भरी हुई है। अपनी अपूर्णता के कारण ही वह लोग दुख भोगते हैं और फिर पछताते हैं। 4।

89. राग वडहंस

दुनियां तो मर जावणा, वत्त ना आवणा
जो किछु कीता बुरा भला वो, कीता आपणा पावण। 1। रहाऊ।
आदमीऔ फिर मुरदा कीता, मित्तर पिआरिआं तेरा चोला सीता।
गोर मंज़ल पहुँचावणा। 1।
चार दिहाड़े गोइल वासा, किआ जाणा कित दुलसी वो पासा,
बालक मन परचावणा। 2।
चहुं जणिआं मिल झोलम झोली, कंधे उठाए लीता डंड़ा ड़ोली

जंगल जाये वसावणा। 3।

कहे हुसैन फ़कीर रब्बाणा, कूड़ कुड़ावा करदा ई माणा,

खाकू दे विच समावणा। 4।

(वत्त-फिर, पावणा-पाना, गोर-क़ब्र, मंजिल-अर्थी, गोइल-तिनकों की बनी झुग्गी, पासा-दांव, डोली-अर्थी, खाकू-मिट्टी।)

व्याख्या–इस दुनिया में जो भी आया है, वह नाशवान है। अन्ततः उसे मर ही जाना है। एक बार मृत्यु आ जाने पर फिर से इस दुनिया में आना सम्भव नहीं होता।

इसलिए यहाँ रहते हुए मनुष्य जो भी अच्छे-बुरे कर्म करता है, उसका फल उसे इसी जन्म में ही प्राप्त हो जाता है। हरेक मनुष्य को अपने कर्मों का फल स्वयं ही भोगना पड़ता है। अर्थात् मनुष्य को चाहिए कि वह इस जीवन को अच्छे ढंग से जिये, अच्छे कर्म करे, उसी की प्राप्ति उसे होगी। 1। रहाऊ।

कल तक जो आदमी कहलाता है, जिन्दा होता है। उसे मुर्दा होने में कोई ज्यादा वक़्त नहीं लगता। मालूम नहीं चलती हुई साँस कब बन्द हो जाये मुर्दा होते ही जो भी रिश्तेदार और नज़दीकी मित्र इत्यादि होते हैं, वही सबसे पहले क़फ़न की तैयारी में जुट जाते हैं। अर्थात् नज़दीकी रिश्ते-नाते और मित्र ही व्यक्ति के लाश में तब्दील होते ही उसे घर से ले जाने के लिए बेताब हो जाते है। वह स्वयं उसे अर्थी पर लिटा कर क़ब्र तक पहुँचा कर आते है। क़ब्र ही उसका फिर आखिरी पड़ाव साबित होती है।। 1।

यह दुनिया गोइल-वास से ज़्यादा कुछ नहीं है। यह दुनिया तिनकों की बनी हुई झुग्गी है, जिसमें कुछ समय के लिए ही मनुष्य ने रहना होता है। फिर पता नहीं कौन सा दांव कैसे बैठे? अर्थात् इस दुनिया में मनुष्य बच्चों के समान खेल ही खेलता है और खेल सदा मन को ढांढस दिलाते या आनन्द दिलाते हैं। बच्चों के खेल अस्थिर होते हैं। यदि उसमें किसी ने कोई जीत हासिल कर भी ली तो क्या फायदा? दुनिया में हासिल की गई पदार्थों की जीत फ़िज़ूल ही होती है, यह सिर्फ बच्चों को थोड़ी देर के लिए बहलाने के समान ही है। 2।

अन्ततः चार आदमी मिल कर, मनुष्य को कपड़े में बाँध कर डोली की भांति कंधों पर उठा कर ले जाते हैं और उसे सदा के लिए जंगल में सुला आते हैं। जंगल से भाव एकान्त से है और आखिरी मंज़िल क़ब्र ही है। 3।

इस फ़कीर की बात मानों, यह झूठे झगड़े और लालच सदा मनुष्य का बुरा ही करते है और उसे अन्त में, ख़ाक में ही मिला देते हैं। 4।

90. काफ़ी

नाल सज्जण दे रहीऐ, झिडकां झंबा ते तकसीरां
सो भी सिर ते सहीऐ।
जे सिर कटट लैण धड़ नालों, तां भी आह न कहीऐ।
चन्दन रुख लग्गा विच वेहड़े, ज़ोर धिंझाणे खहीऐ।
मरण मूल ते जीवन लाहा, दिलगीरी क्यों रहिऐ।
कहै हुसैन फ़कीर साईं दा, रब्ब दा दिता सहीऐ।

(झिड़कां-झंबा-डांट-डपट, तकसीरां-कसूर, दोष, आह-कराहना, आहें, दिलगीरी-उदास।)

व्याख्या—मुझे अपने साजन (प्रीतम) के साथ ही रहना है बेशक उसके साथ रहते हुए मुझे कई प्रकार की डांट-फटकार सहनी पड़े। यदि कोई दोष या इल्ज़ाम भी लगे तो भी मैं सहने को तैयार हूँ। मगर अपने प्रीतम का पल्ला किसी भी हालत में छोड़ने को तैयार नहीं। डांट-फटकार या दोष-इल्ज़ाम से भाव प्रभु-मार्ग में आने वाली कठिनाईयों और परेशानियों से है, क्यांकि यह मार्ग इतना सुगम नहीं होता। अनेक कष्ट सहने पड़ते हैं। लेकिन प्रभु पर विश्वास करना नहीं छोड़ना चाहिए। उसका दामन सुख-दुख, प्रत्येक कठिन अवस्था में थामे ही रखना चाहिए, अन्ततः सफलता हासिल हो कर ही रहेगी।

उन्हीं कष्टों और परेशानियों को दुहराया गया है या जैसे कि माना जाता है कि प्रभु अपने भक्तों की बहुत कठिन परीक्षा लेता है। परीक्षा में उत्तीर्ण होने पर ही सफलता प्राप्त होती है। इसलिए कितनी भी कठिन परीक्षा की घड़ी क्यों ना आ जाये, जैसे सिर-धड़ की बाज़ी लगने जैसी हालत हो जाये, तब भी उसके दिये हुए कष्टों को सिर-माथे पर लेना चाहिए, कभी भी आहें भरना या हाय-तौबा नहीं मचानी चाहिए।

हमारे अपने आंगन में (मन में) चंदन का वृक्ष लगा हुआ है। उसी से खुशबू हासिल करनी चाहिए। अर्थात् प्रभु को अपने अन्तस में ही खोजना चाहिए।

फ़कीर का यहीं कहना है कि, परमात्मा जो भी दे। सुख-दुख, कष्ट-आराम जो भी दे, उसे सहर्ष स्वीकार कर लेना चाहिए। यह जीवन उसी की देन है, इसलिए उसके दिए गये हर सुख-दुख को भी उतनी आसानी से स्वीकार कर लेना चाहिए।

91. राग गउड़ी

नी असीं आऊ खिड़ाहां लुडडी। 1। रहाऊ।
नऊ तारू डारू गुड़ी दी, असी लै कर हाँ ऊड्डी। 1।
साजन दे हथ्थ डोर असाड़ी मैं साजन दी गुडडी। 2।
इसु वेले नूं पछोतासे, जाये पऊसें विच खुड़डी। 3।
कहै हुसैन फ़कीर साईं दा, सभु दुनियां जांदी बुड़डी। 4।

(खिडाहां-खिलाऊँ, लुडडी-इश्क़ का खेलँ, नऊ-नाम-जाप, खुडडी-क़ब्र, बुडडी-डूबती।)

व्याख्या—आओ (सहेलियो) हम तुम्हें इश्क़ की मस्ती का खेल खिलायें। अर्थात् मनुष्य को सदा खेल-तमाशे ही पसन्द आते हैं। वह उनमें ही आनन्द ढूँढ़ता है। इसलिए वह ऐसा खेल खेलना भी पसन्द करेगा जो प्रभु के इश्क़ में डूबा हुआ है। इस खेल में बेहद मस्ती और आनन्द की प्राप्ति होती है। रहाऊ। 1।

इस खेल में प्रभु के नाम की डोर वाली पंतग को लिया जाता है। यह पंतग ऊँचे आसमानों में ले जाती है अर्थात् पतंग और डोर के दृष्टांत से हुसैन इस खेल को समझाने का यत्न करते हैं। ज़ितनी डोर लम्बी होगी और उसे जितनी ढील दी जायेगी, पतंग उतनी ही ऊँचे आसमान में पहुँचती जाती है। प्रभु के नाम को जितना जपा जायेगा, जितना स्वयं को उस नाम के सहारे छोड़ा जायेगा, उतना ही मनुष्य प्रभु के चरणों में समर्पित होता जायेगा। 1।

इस पंक्ति में हुसैन एक बात और स्पष्ट करते हैं कि असल में मनुष्य तो पतंग है, डोर तो उस ऊपर वाले हमारे साजन के हाथ में ही होती है। मनुष्य को कठपुतली कहा जाता है और परमात्मा को खवैया(खिलाने वाला) इसमें उसी भाव की पुष्टि की गई है। 2।

अन्तिम सच्चाई यह है कि अन्त में सारी दुनिया ने ही डूब जाना है। सब कुछ फ़नाह हो जाना है। इस संसार में कुछ भी जोड़ने या इकट्ठा करने से कुछ नहीं होगा। मनुष्य समेत सभी वस्तुएं नाशवान है, सिर्फ़ प्रभु के नाम का जाप ही जीवनदान है। जीवनदान से भाव, इस संसार से विदा लेते समय प्रभु की कृपा दृष्टि बनी रहती है। 4।

92. राग गूजरी

नी सईओं असी नैणां दे आखे लग्गे।
जिन्हां पाक निगाहां होईआं से कही ना जांदे ठग्गे। 1। रहाऊ।

काले पटट न चढ़े सफैदी कागु न थींदे बग्गे।
शाह हुसैन शहादत पाइन, जो मरन मितरां दे अग्गे। 2।

(आखे-कहना मानना, पाक-पवित्र, पट्ट-रेशम, कागु-कौएं, बग्गे-बगुले, शहादत-शहीदी।)

व्याख्या—ओ सहेलियो, हम आँखों का कहना मान कर पछता रहे हैं। असल में आँखें चमक- दमक की ओर आकर्षित होती है। यह चमक-दमक मनुष्य को परमात्मा से दूर और दुनिया के निकट ले जाती है। यह आँखें बाहरी आडम्बर से जल्दी प्रभावित होती हैं। इनका ध्यान अन्तस की ओर कम ही जाता है परन्तु इनके पीछे लग कर पछताना ही पड़ता है। जिनकी निगाहें पाक-पवित्र होती हैं अर्थात् जिन आँखों में प्रभु की छवि बसी होती है, उनकी आँखें पवित्र हो जाती हैं फिर उन आँखों के ठगे जाने का कोई क़ारण नहीं रहता। रहाऊ। 1।

जिस प्रकार काले रेशम पर कभी सफेद रंग नहीं चढ़ सकता, उसी प्रकार कौए कभी भी बगुले नहीं बन सकते। अर्थात् किसी पर भी दूसरा रंग चढ़ना मुश्किल होता हे। काले पर सफेद रंग आसानी से क्या, चढ़ ही नहीं सकता। अर्थात् प्रभु की भक्ति के लिए मन का शुद्ध और साफ़ होना चाहिए न कि दिखावा होना चाहिए। दिखावे की भक्ति से कुछ हासिल नहीं होता।

इसी प्रकार असली शहादत वही कहलाई जाती है जो मित्रों के लिए जान दे। अर्थात् हुसैन के अनुसार असली जीवन किसी के काम आने से है। 2।

93. राग तिलंग

नीं तैनूं रब्ब ना भुली, दुआं फ़कीरां दी ऐहा।
रब्ब ना भुली, होर सभ भुली, रब्ब ना भुलणि जेहा। 1। रहाऊ।
आइआं कुडमां नूं कुटे मलीदा, फक्करां नूं टुकर बेहा। 2।
सुइना रुपा सभ छल वैसी, इश्क़ ना लगदा लेहा। 3।
होरनां नाल हंसदी खिडंदी, तैनूं शहु नाल घुंघटि केहा। 4।
चारे नैण गडावड़ होइ, विच्च विचोला केहा। 5।
इश्क़ चऊबारे पाही झाती, हुणि तैनूं गम केहा। 6।
माईऐ दी सहुं बाबल दी सहुं, गलि चंगेरड़ी ऐहा। 7।
जिस जीवन दा तूं माण करेंदी, सो जलि बलि थीसी खेहा। 8।
कहै हुसैन फ़कीर साईं दा मरना ता माणा केहा।

(मलीदा-चूरी, फ़करां-फ़कीरां को, बेहा-बासी, रूपा-रूप, लेहा-कीड़ा, घुंघटि-पर्दा,

गडावड़-रल-मिल गये, विला-मध्यस्थ।)

व्याख्या–फ़कीर, तुझे यह दुआ देता है कि तुझे कभी परमात्मा ना भूले। यह दुआ सबसे बड़ी है, जो फ़कीर देना चाहता है।

मनुष्य इस दुनिया में आकर और सब कुछ भुला दे मगर उसे चाहिए कि वह परमात्मा को कभी ना भुलाए, क्योंकि रब के समान कुछ भी नहीं है जिसे याद रखा जा सके। जबकि मनुष्य सभी कुछ को याद रखता है और परमात्मा को भुला बैठता है। रहाऊ। 1।

मनुष्य लोगों की तो खातिरदारी करता है, उन्हें कई प्रकार के पकवान खिलाता है, परन्तु घर पर, द्वार पर आए फ़कीरों-साधुओं को घर पर बनी पड़ी रूखी-सूखी या बासी रोटी इत्यादि दे देता है जबकि लोगों से मनुष्यों को कुछ भी हासिल नहीं होता फ़कीरों द्वारा दुआएँ और शुभकामनाएँ दी जाती हैं। लोग खा-पी कर चले जाते हैं, साधु बासी रोटी ले कर भी दुआ दे कर जाते हैं। 2।

सोना-चाँदी या सुन्दरता सभी छलावा है, इश्क़ जैसी बात किसी के बस में नहीं होती। जिसे इश्क़ की लगन लग जाये, वही स्थिर रहता है, जबकि धन-दौलत और सुन्दरता झूठी और खोखली होती है। उसके पीछे भागना फ़िज़ूल है। 3।

बाकी लोगों के साथ मनुष्य हँसते-खेलते रहते हैं। जिसे दिल का भेद मालूम होता है, उससे ही मनुष्य खुलकर पेश नहीं आता। परमात्मा से घूँघट करके या शर्म कर के कुछ भी छुपाना सम्भव नहीं होता। उससे क्या शर्माना? 4।

जब प्रीतम के साथ नैन मिल जाये तो फिर किसी मध्यस्थ की ज़रूरत नहीं होती। घूँघट होने से किसी की ओट होने के कारण अपने साजन के साथ नैन मिलाने में दिक्कत होती है। किसी अन्य मध्यस्थ का होना ज़रूरी नहीं। अपने प्रीतम की नज़रों से नज़रें प्रत्यक्ष ही मिलायी जा सकती हैं। 5।

अब जब इश्क़ ने तुम्हारे ऊपर अपना प्रभाव डाल दिया है और चारों ओर से इश्क झलकने लगा है तो ग़म की क्या बात है। 6।

माँ की सौगन्ध, बाप की सौगन्ध, यानि माँ-बाप की कसम खा कर कहता हूँ कि यही बात सबसे अच्छी है। 7।

मनुष्य जिस जीवन पर अभिमान करता है, उसे भूल जा, क्योंकि इस जीवन ने तो एक दिन खत्म हो ही जाना है। 8।

हुसैन फ़कीर कहता है कि, जब मर ही जाना है तो किस बात का ग़रूर या अभिमान करना।

94. राग धनासरी

नी माएं सानूं खेड़ण देइ, मेरा वति खेड़णि कऊण आसी। 1। रहाऊ।
इकु कीड़ी बिआ दरस भलेरा, बर हरि कंपे कोई इह जीआ मेरा,
सहु गुणवंता बिआ रूप चंगेरा, अंगि लावै कि मूलि ना लासी। 1।
इह जग्ग झूठा दुनिया फ़ानी, इवैं गई मेरी अहिल जुआनी,
गफ़लित नालि मेरी उम्र विहानी, जो लिखिआ सोई होसी। 2।
शहु हुसैन फ़कीर रब्बाणा, सो होसी जो रब्ब का भाणा,
औड़क इथों उथ्थों जाणा, इस वेले नूं पछछोतासी। 3।
(वति-दुबारा, फिर, आसी-आयेगा, बिआ-दूसरी बात, दरस-शक्ल, भलेरा-बुरी, गुणवंता-गुणवान, फ़ानी-नाशवान, गफ़लित-लापरवाही, विहानी-बीत गयी।)

व्याख्या–ऐ माँ, तुम मुझे यहाँ खेलने दो। फिर दुबारा मैं यहाँ पर कैसे खेलने आऊँगी? अर्थात् मनुष्य यह सोचता है कि उसे एक ही बार यह मानस जन्म मिला है, फिर क्यों वह इसके रंग-तमाशों का आनन्द जी भर कर न ले, क्योंकि दुबारा मनुष्य के रूप में जन्म सम्भव नहीं। मरने के बाद सब खत्म हो जाता है। 1। रहाऊ।

जिस प्रकार एक चींटी बहुत छोटी और तुच्छ होती है और देखने में भी सुन्दर नहीं होती, परन्तु वह भी अपने आप को अद्भुत समझती है। उसे देख कर मुझे खुद पर तरस आता है, क्योंकि उस जैसी मस्ती मुझ में नहीं है।

हालांकि मेरा प्रीतम बहुत रूपवान है, बेहद गुणवान भी है परन्तु मुझे समझ में नहीं आता कि वह मुझे अपने अंग लगायेगा या नहीं अर्थात् प्रीतम की कृपादृष्टि उस पर होंगी या नहीं? 1।

मालूम है कि यह संसार झूठा है, दुनिया नाशवान है। इसी बात को ही हरदम याद रखने के कारण मैं इस संसार में रम नहीं पायी और मेरी जवानी भी व्यर्थ ही बीत गयी।

इसी लापरवाही में मैंने सारी उम्र बिता दी कि जो भी भाग्य में लिखा हुआ है, अन्ततः वही होगा, इसलिए अपनी ओर से कुछ भी करने की पहल नहीं की। सोचा जो लिखा है, वह मिल जायेगा। इस कारण अपनी ओर कोई यत्न नहीं किया। 2।

यह सही है कि जो भी होगा, वह परमात्मा की मरज़ी और इच्छा से ही होगा और अन्त में यहाँ से उठकर कब्र में ही समा जाना है। परन्तु इस सारे जीवन में कुछ भी ना करने का मलाल फिर रहेगा और अन्त में पछतावा होगा। इसलिए समय रहते ही, इस जीवन में ही प्रभु से अपना नाता जोड़ लेना चाहिए। होगा वही जो प्रभु

की इच्छा होगी। लेकिन अपनी ओर से प्रयत्न करना मनुष्य का परम कर्त्तव्य है, तभी प्रभु की कृपादृष्टि मनुष्य पर हो सकती है। 3।

95. राग बिलावल

नी माऐ मैनूं खेड़िआं दी, गल्ल ना आखि। 1। रहाऊ।
रांझण मैंहड़ा, मैं रांझण दी, खेडिआं नूं कूड़ी झाकु। 1।
लोकु जाणै हीर कमली होई, हीरे दा वरू चाकु। 2।
कहै हुसैन फ़कीर साईं दा, जाणदा मऊला आपु। 3।

(खेडिआं-हीर की ससुराल, मैहड़ा-मेरा, झाकु-आस, उम्मीद, कमली-दीवानी, चाकु-नौकर, सेवक।)

व्याख्या–ऐ माँ, तुम मुझसे खेड़िओं के बारे में बात मत करो। खेड़े, जहाँ हीर ब्याह के गयी थी। यहाँ पर खेड़ों से भाव सांसरिक दुनियादारी से है, जिनमें नियत रस्मों-रिवाज़ अनुसार जीना पड़ता है। 1। रहाऊ।

सभी जानते है कि मैं राँझा की हूँ और रांझा मेरा है। अर्थात् जीवात्मा और परमात्मा का रिश्ता हीर-रांझे समान अटूट है परन्तु दुनियादारी में यकीन रखने वाले खेड़ों को परमात्मा पर अपना यकीन कायम करना चाहिए। 1।

लोगों को यह बात मालूम है कि हीर राँझा के लिए दीवानी हुई घूमती है, जबकि राँझा, हीर के मवेशियों को चराता है। इससे कोई फ़र्क नहीं पड़ता। अमीरी-गरीबी या जातिगत भेद आदि से जीवात्मा और परमात्मा के सम्बन्ध में कोई दरार नहीं आती। बस प्रेम की दीवानगी में डूबना ज़रूरी होता है। 2।

समाज, परिवार और अन्य लोगों को इस मामले में चिन्ता करने की कोई भी ज़रूरत नहीं, क्योंकि परमात्मा सर्वज्ञाता है। उसकी नज़रों में कोई भी बात तथा भेद छिपा नहीं रह पाता है। 3।

96. राग जंगला

पावेंगा दीदार, साहिब दा, फ़कीरा होर भी नीवां होए। 1। रहाऊ।
टोपी मैली साबण थोड़ा, बहि किनारे धोए। 2।
मीणी ढ़ग्गी नाम साईं दा, अंदरि बहि करि चोए। 3।
उछछल नदीआं तारू होईआं, मैं कढ़ै रही खलोए। 4।
कहै हुसैन फ़कीर साईं दा, होणी होए सो होए। 5।

(दीदार-दर्शन, मीणी-नीचे की ओर झुके हुए सींग, ढग्गी-गाय)

व्याख्या–अपने परमात्मा का दर्शन प्राप्त करना है तो और भी झुक जा। अर्थात् विनम्रता और अंहकारहीन होने के बाद ही परमात्मा को पाया जा सकता है। 1।

मेरी टोपी बहुत मैली है, मगर साबुन कम है। टोपी धोने के लिए एक किनारे पर बैठना पड़ेगा। अर्थात् मेरे दिमाग में, सिर में बहुत ही गलत बातें बनी हुई हैं। इसकी मैल को साफ़ करने के लिए साधु-संगतों और फ़कीरों की संगति ज़रूरी है। संगति के साथ-साथ किनारे पर बैठ कर धोने से भाव एकान्त में मनन-चिन्तन करने से है। अपनी मैल धोने के लिए अकेले में बैठ कर अपना निरीक्षण स्वयं करना अति आवश्यक होता है। 2।

मनुष्य को इस प्रकार होना चाहिए जिस प्रकार गाय होती है। उसके सींग नीचे की ओर झुके हों तो उससे खतरा कम होता है। उस गाय का दूध आसानी से दुहा जा सकता है। मनुष्य में भी इतनी विनम्रता होनी चाहिए, जिस प्रकार गाय में उस समय होती है, जिसके सींग नीचे की ओर झुके होते हैं। 3।

नदी में वेग जब बहुत तेज़ हो जाता है तो पानी किनारों से बाहर बहने लगता है मगर मैं किनारे पर ही खड़ी रह गई अर्थात् इस दुनिया में प्रभु को पाने के अनेक रास्ते और मार्ग हैं, जिसको अपना कर प्रभु को पाया जा सकता है। इसके लिए नदी में या उस धर्म या मार्ग में डूबना ज़रूरी होता है तभी कुछ हासिल किया जा सकता है। जो लोग नदी के वेग में डूबते नहीं और किनारे पर खड़े होकर पानी में भीगने का इन्तज़ार करते है, उन पर सिर्फ कुछ छींटे ही पड़ते है। डूबना ज़रूरी होता है। 4।

फ़कीर का मानना है जो होना है, वह होकर ही रहता है। इसमें ज्यादा माथा-पच्ची करने की ज़रूरत नहीं होती। अपनी ओर से सिर्फ प्रयत्न करते रहना चाहिए। 5।

97. राग परजू

पिआरे बिन रतीं हुईआं वडिडयां।
राँझा जोगी मैं जुगिआणी, कमली करि करि साड्डियां। 1। रहाऊ।
मास झरे झरि पिंजरू होइआं करकन लग्गीआं हड्डिआ। 2।
मैं इआणी नेहुं की जाणा, बिरहुं तनावां गड्डियां। 3।
कहै हुसैन फ़कीर साईं दा, दावणु तेरे मैं लग्गीआं। 4।

(जुगिआणी-जोगन, सड्डियां-बुलाई जाती हूँ, झरे झरि-झड़कर, करकन-कड़कने, इआणी-बेसमझ, नेहुं-प्यार, दावणु-पल्ला।)

व्याख्या–अपने प्रीतम के बिना विरह की रातें बहुत बड़ी हो गई हैं। बीतती

नहीं हैं। विरह की रात वैसे भी बड़ी लगती है और मुश्किल से बीतती है। दूसरे शब्दों में, प्रभु के नाम के बिना यह जीवन बहुत मुश्किल से गुज़रता है।

मेरा राँझा जोगी है, मैं उसकी जोगन हूँ। उसके इश्क़ में मैं इस कदर खो चुकी हूँ कि लोग मुझे दीवानी कह कर पुकारने लगे हैं। इसमें जीवात्मा और परमात्मा के अटूट रिश्ते को हीर-राँझा के अमर प्रेम के द्वारा प्रकट किया गया है। यह इश्क़ होना ही इस प्रकार का चाहिए जिसमें एक का अस्तित्व दूसरे में समा जाये। और वह दीवानी या पगली कह कर पुकारे जाने पर भी गर्व महसूस करे। 1। रहाऊ।

प्रीतम के वियोग के कारण जीवात्मा का माँस झड़ना शुरू हो गया। शरीर पिंजर बन गया और हड्डियाँ कड़कने लगीं। इश्क़ की यह इन्तिहा है और वियोग का शिखर- स्थल है, जहाँ शरीर समाप्त हो जाये परन्तु प्रभु से मिलने की आस उसी प्रकार बनी हुई है। 2।

मैं (जीवात्मा) इश्क़ को क्या जानूँ, मैं तो इतनी अनाड़ी हूँ कि उसका आनन्द प्राप्त करने में अक्षम हूँ, क्योंकि मैं तो अभी बिरहा होगा जब बिरहा की उलझनों में ही उलझी हुई हूँ। इश्क़ का आन्नद तभी प्राप्त होगा जब बिरहा समाप्त होगी और प्रभु से मिलन सम्भव होगा। 3।

इश्क़ की तृप्ति तभी होगी जब प्रभु मिलेगा। परन्तु मुझे प्रभु पर पूरा भरोसा है कि मेरा मिलन उससे ज़रूर होगा। मैंने उसका पल्ला नहीं छोड़ा। उसका दामन थामने पर ही जीवात्मा, परमात्मा से मिल सकती है। 4।

98. राग देव गंधारी

पिआरे लाल किआ भरवासा दम दा। रहाऊ।
उडिडआ भौर थीआ परदेसी, अग्गे राहु अगंम दा।
कूड़ी दुनियां कूड़ पसारा, ज्यों मोती शबनम दा। 1।
जिन्हां मेरा शहु रीझाएआ, तिन्हां नहीं भऊ जंमु दा।
कहै हुसैन फ़कीर साईं दा, छोड़ सरीर भस्सम दा। 2।

(भरवास-भरोसा, दम-साँसे, भौर-रुह, अंगम-अपहुंच, कठिन, पसारा-आंडंबर, भऊ-डर, भयं, जंमु-यमराज, भस्सम-मिट्टी, खाक।)

व्याख्या–ऐ मित्र! इस साँसों का कोई भरोसा नहीं। अर्थात् यह साँसें कब शरीर का साथ छोड़ जायें, कुछ भी भरोसे से नहीं कहा जा सकता। इसलिए कहा जाता है कि साँसों की गिनती सीमित होती है जो भी करना हो वह इसी जीवन में कर लेना चाहिए। रहाऊ।

जब एक बार साँसे शरीर का साथ छोड़ जाये, फिर रुह या आत्मा शरीर से निकल कर जिस राह पर चल पड़ती है वह दुरूह और अति कठिन होता है।

यह दुनिया झूठी है, इसका फैलाव तथा आडंबर सभी कुछ झूठे होते हं वह सभी इस प्रकार है जैसे फूल पर पड़ी मोती की बूँदे हो अर्थात् उनका अस्तित्व क्षणिक होता है। इस दुनिया के सारे आडंबर और यहाँ की चमक-दमक भी क्षणिक ही होती है। 1।

जिन फ़कीरों या साधुओं ने प्रभु को प्राप्त कर लिया या उसका भेद पा लिया, उनके लिए मौत का डर कोई अर्थ नहीं रखता। जितनी जल्दी हो सके, इस शरीर का मोह त्याग देना चाहिए, क्योंकि यह शरीर मिट्टी का बना हुआ है और मिट्टी में ही समा जाना है। इसलिए साँसों के भरोसे ना रह कर प्रभु में अपना ध्यान लगा लेना चाहिए। 2।

99. राग तिलंग

बाझूं सज्जण मैनूं होर नहीं सुझझदा। 1।
मन तनूरआ आहीं दे अलंबे सेज चढ़ीदा मेरा तन मन भुजदा। 1।
तन दीआं तन जाणे, मन दीआं मन जाणे
महरमी होए सु दिल दीआं बुझदा। 2।
कहै हुसैन फ़कीर साईं दा लोक बख़ीला पचि पचि लुज़दा। 3।

(आहीं-आहें, अलंबे- लपटे, भुजदा-सड़ता, महरमी-दिल का राज़दार, बखीला-चुगलख़ोर, पचि पचि-कुढ़ना, लुज़दा-झगड़े करना।)

व्याख्या–मुझे अपने साजन के बिना कुछ भी नहीं सूझता। मेरे तन-मन में उसका वास है और मैं उसके विचारों में ही सदा लीन रहती हूँ। 1।

साजन के वियोग के बग़ैर मानो मेरा मन तन्दूर की भांति तपता है और उसमें लपटें निकलती हैं। इसीलिए जब भी मैं अपने बिस्तर पर लेटती हूँ तो मेरा तन-मन इस बिरहा की आग में एकदम जलने लगता है। इस बिरहा को एक सुहागन की विरहाग्नि की भांति प्रकट किया गया है। वास्तव में यह जीवात्मा और परमात्मा की बिरहा को प्रस्तुत किया जा रहा है। 1।

इस शरीर को जिस प्रीतम की आस है, वह शरीर ही जाने और मन जिस प्रीतम को ढूँढ़ रहा है, वह मन ही जानता है। तन और मन के भेदों को कोई भी जान नहीं सकता।

तन और मन की बिरहा को कोई राज़दार या भेदी ही जान सकता है। वही इस

भेद को जान सकता है कि यह शरीर और मन किसी सांसारिक पुरुष को नहीं बल्कि आध्यात्मिक विरह के कारण अपने प्रीतम को पाने के लिए तड़प रहे हैं। 2।

जबकि आम आदमी इस बिरहा को आसानी से न जान पाता है, ना समझ पाता है, इसलिए वह इस बिरहा का मखौल बना दूसरों लोगों से इसकी चुगली-निन्दा करता और झगड़े करवाता है। अर्थात् साधारण लोगों की समझ इस संसार में सीमित होती है। वह किसी अप्रत्यक्ष और सूक्ष्म प्रीतम की कल्पना करने में पूर्णतः असमर्थ होते है इसलिए प्रभु के दीवानों का वह कई बार मज़ाक बनाते है और उन्हें पाखंडी मानते हैं, जबकि वह स्वयं अपनी अज्ञानतावश इसे समझ नहीं पाते। 3।

100. राग किदारा

बुरियां, बुरियां, बुरियां असीं बुरियां वे लोका।
बुरियां कोल ना बहु वे,
तीरु ते तलवारां कोलों तिख्खियायां बिरहुं दीआं छुरियां वे लोका। 1। रहाऊ।
लड़ि सज्जण परदेस सिधाणे असी विदिआ कर के मुडिआं वे लोका। 2।
जे तूं तख्त हज़ारे दा साईं , असी सिआलां दी कुडिआं वे लोका। 3।
सांझ पाति काहूं सो नहीं, साईं खोजनि असीं टुरिआं लोका। 4।
जिन्हां साई दा नाऊ न लीता, ओडकि ऊही झुरिआं वे लोका। 5।
कहै हुसैन फकीर साईं दा, साहिब सिऊ असीं जुडिआं रे लोका। 6।

(बिरहुं-वियोग, लड़ि-लड़कर, सिधाणे-चला गया, विदिआ-विदा करके, पाति-रिश्ते-नाते, झुरिआ-नाराज़, पछताना।)

व्याख्या–हमं बहुत ही बुरी है (जीवात्माएं) बेहद बुरी हैं। इसलिए लोगो आप हमारे पास आकर मत बैठो। आमतौर पर सभी मनुष्य स्वयं को एकदम सही और अच्छा बताते हैं, खुद को बुरा कोई भी नहीं कहता। परन्तु फ़कीर लोग क्योंकि परिवार और समाज के नियमों और रस्मों-रिवाजों को नहीं मानते। वह उनसे एकदम परे होते हैं इसलिए वह समाज का हिस्सा बनना भी पसन्द नहीं करते। क्योंकि उनका नाता सिर्फ प्रभु से जुड़ा होता है और वह चाहते भी नहीं कि अन्य लोग उनके पास आ कर उन्हें तंग या परेशान करें या कोई नाता जोड़ने की कोशिश करें। इसीलिए वह स्वयं ही इस बात का ऐलान कर देते हैं कि वह बहुत ही बुरे हैं। इतने बुरे कि कोई भी आम आदमी उनके पास बैठने का साहस न कर सके। 1।

तीर-तलवार को बहुत तेज़ और नुकीली धार के हथियार माना जाता है। मगर फ़कीरों के अनुसार, इन हथियारों से भी ज़्यादा नुकीली धार बिरहा की होती है।

बिरहा अपने साजन से विछुड़ने पर सहने पड़ती है। इससे भी तेज़ धार और घाव-पीड़ा का सहज ही अंदाज़ा नहीं लगाया जा सकता। 1। रहाऊ।

इस प्रकार मालूम होता है जैसे हमारे साजन हमसे लड़ कर नाराज़ होकर कही दूर परदेश चले गये हों और मज़े की बात है कि हमने स्वयं ही उन्हें विदा कर, 'अलविदा' कहा हो। अर्थात् मन में बसे साजन को यदि जीवात्मा पा ना सके तो इसका अर्थ यही है कि हमने स्वयं ही अपने साजन को अपने से दूर कर दिया है। इसमें कसूर जीवात्मा का है, साजन का नहीं। 2।

यदि हमारा साजन तख़्त हज़ारे का रहने वाला राँझा है, तो हम भी स्यालकोट की रहने वाली लड़कियाँ है, जहाँ की 'हीर' थी। राँझा हीर का प्यार जग-जाहिर है। 3।

उस साजन के बग़ैर हमारा असल और सदैव रहने वाला कोई भी रिश्ता-नाता नहीं है। इसलिए हम उस अपने साजन की खोज में निकल पड़ी हैं, जो अनजाने में ही हमसे दूर चला गया है। 4।

जिन स्त्रियों (जीवात्माओं) ने अपने प्रीतम (परमात्मा) को याद नहीं किया उसके नाम का जाप नहीं किया अन्त में उन्हें ही पछताना पड़ेगा। 5।

हमें सदा ही पास या दूर रह कर भी उस परमात्मा के नाम से जुड़े रहना चाहिए। यह बिरहा की तड़प तभी कम या दूर होगी यदि सदैव परमात्मा को याद करते रहेंगे। 6।

101. राग बिलावल

बंदे आप नूं पछाणि।

जे तैं आपणा आप पछाता, साईं दा मिलण असाण। 1। रहाऊ।
सुएने दे कोटु रूपहिरी छज्जे, हरि बिनु जाणि मसाण। 1।
तेरे सिर ते जम साज़िश करदा, भावें तूं जाण ना जाण। 2।
साढ़े तिन्न हथ्थ मिलख तुसाड़ी, ऐड़े तूं ताणे ना ताण।
सुएना रूपा ते माल खज़ीना, होए रहिआ महिमानु।
कहै हुसैन फ़कीर निमाणा, छडड दे खुदी ते गुमान। 3।

(साई-परमात्मा, कोट-किले, रूपहिरी-चांदी, मिलख-जायदाद, खुदी-अभिमान, गुमान-अंहकार।)

व्याख्या–ऐ मानुस! तूं स्वयं को पहचान ले। तू क्या है, यहाँ किस प्रयोजन से आया है यह जान-समझ ले।

यदि तूने स्वयं को पहचान लिया और यह जान लिया कि परमात्मा के बग़ैर

तेरा अस्तित्व ही नहीं। तू एक तुच्छ-सा प्राणी है, जिसने मिट्टी में विलीन हो जाना है। इस सच्चाई को यदि तू जान लेगा तो साईं से तेरा मिलन आसान हो जायेगा क्योंकि जब तू यह जान लेगा कि परमात्मा ही सर्वोपरि है तो अपने अस्तित्व को छोड़ कर फिर तू आसानी से परमात्मा का दामन थाम सकेगा। 1। रहाऊ।

यहाँ रहते हुए तूने जितने भी सोने के किले और चाँदी के छज्जे निर्मित किये है, वह सभी यहीं पर रह जायेंगे, क्योंकि श्मशन में तूने इन सभी के बग़ैर खाली हाथ ही जाना है। 1।

मौत का फरिश्ता हर समय तेरे ख़िलाफ़ साज़िश करता है। मौत कभी भी तुझे दबोच सकती है, मगर तूं इस सच्चाई को जाने न जाने। 2।

सिर्फ वह स्थान ही अपना है,जहाँ मनुष्य नें आखिरी समय में समा जाना है। वह साढ़े तीन हाथ की क़ब्र ही मनुष्य को चाहिए है, फिर वह इतने फैलाव कैसे और क्यों करता है? ज़रूरत सिर्फ़ साढ़े तीन हाथ की ही होती है।

सोना-चांदी और माल-खज़ाने आदि मेहमान की भांति हैं, जो सदा के लिए नहीं रहते।

फ़कीर का कहना है कि तू अपना अभिमान और अंहकार छोड़ दे, क्योंकि तू एक तुच्छ प्राणी है। तुझे किसी भी बात पर अभिमान कर शोभा नहीं देता। 3।

102. राग कानड़ा

महिबूबां फ़कीर दा साईं निगहवान

ज़ाहिर बातन इक करि जाणनि, सभ मुश्किल थीआ असान। 1। रहाऊ।

शादी गमी न दिल ते आणनि, सदा रहिण मस्तान। 2।

कहै हुसैन थिर सचे सेई, होर फ़ानी कुल जहान। 3।

(महिबूबां-आशिकों, निगाहवन-रक्षक, ज़ाहिर-प्रकट, बातन-छुपा हुआ, शादी-खुशी, आणनि-लाना, थिर-स्थिर, फ़ानी-नाशवान।)

व्याख्या–प्रभु के आशिकों और फ़कीरों का रक्षक और देखभाल करने वाला प्रभु आप ही होता है। वह अपने भक्तों और साधु-फ़कीरों पर अपनी कृपादृष्टि बनाए रखता है।

जब मनुष्य प्रत्यक्ष-अप्रत्यक्ष, दिखाई देते और छुपे हुए को एक समान देखने और समझने लगते हैं तो सारी मुश्किलें आसान हो जाती हैं। अर्थात् जब मनुष्य इस बात को समझ लेता है कि कुदरत और सृष्टि में जो प्रत्यक्ष दिखायी दे रहा है और अप्रत्यक्ष में भी जो छुपा हुआ है, उस सबके पीछे परमात्मा का ही हाथ है तो परमात्मा

को जानना और पाना और भी आसान हो जाता है क्योंकि हर बात में परमात्मा ही समाया होता है। 1। रहाऊ।

मनुष्य को खुशी-ग़मी में ना ज़्यादा ख़ुश होना चाहिए और उदास-परेशान होना चाहिए। परमात्मा जो भी करता है, उस में पूर्ण यक़ीन रखना चाहिए और हर हाल में मस्त रहना चाहिए। 2।

इस संसार में सिर्फ परमात्मा का नाम ही स्थिर है, बाकी सारा जहान नाशवान है। इस सच्चाई को याद रख। दुनिया में मन लगाने की बजाय परमात्मा के नाम में ही मन लगाना चाहिए। 3।

103. राग तुखारी

मत्ती देनी हाँ बालि इआणे नूं। 1। रहाऊ।
पंजा नदीआं दे मुँहु आइऔ, केहा दोसु मुहाणे नूं। 2।
दारु लाइआ लगदा नाहीं पूछनी हो वैद सिंगाणे नू। 3।
सिआही गई सुफैदी आईआ, की होंदा बखति विहाणे नूं। 4।
कहै हुसैन फ़कीर साईं दा, की झुरना है रब्ब दे भाणे नूं। 5।

(मत्ती-सीख, इआणे- अनाड़ी, पंज-नदीआं-पाँच विकार, मुहाणे-मुर्शिद, वैद-मुर्शिद, सिआही-जवानी, सुफैदी-बुढ़ापा, विहाने-बीता हुआ, झुरना-पछताना।)

व्याख्या—मैं अपनी नासमझी को छोटे बालक की भांति समझाती और सीख देती हूँ। यह नासमझी मन में समायी हुई है, जो बालक की भांति चंचल और अनाड़ी है। इसे बार-बार समझाना पड़ता है। 1। रहाऊ।

मनुष्य स्वयं पाँच विकारों-काम, क्रोध, लोभ, मोह और अंहकार के वश में रहता है। उनकी मर्ज़ी अनुसार चलता है, परन्तु वह दोष अपने गुरु या मुर्शिद को देता है कि वह उसे सही मार्ग पर नहीं ले जाता। मनुष्य का यह स्वभाव ही है कि वह अपनी ग़लती मानने की बजाय दोष सदा दूसरे को ही देता है। 2।

जब मालूम ही न हो कि रोग कौन-सा है तो दवाई किस प्रकार असर करेगी। इसलिए मनुष्य रोग से अनजान हो कर गलत दवाईयों का सेवन करता है, तदुपरांत वह नाराज़गी वैद्य पर निकालता है, जिसने सही इलाज नहीं किया। यहाँ पर रोग परमात्मा से वियोग का है और वैद्य मुर्शिद है। 3।

जवानी बीत जाने पर बुढ़ापे की सफ़ेदी झलकने लगती है और मालूम नहीं चलता कि यह समय, यह जीवन किस प्रकार इतनी जल्दी बीत गया। 4।

जब सभी कुछ करने वाला परमात्मा ही है तो फिर उस पर ही पूरा भरोसा करना

चाहिए। वह जो भी करता है, उसे ही उचित मान कर स्वीकार कर लेना चाहिए। वह कभी भी किसी का बुरा नहीं करता, इसलिए किसी भी कठिन समय को देखकर उदास होने या पछताने की आवश्यकता नहीं होती। 5।

104. राग बसन्त

मन अटकिआ बेपरवाहि नाल, वुह दीन दुनी दे शाहिनालि। 1। रहऊ।
काज़ी मुला मत्ती देंदे, खरे सिआणे राहि दसेंदे,
इश्क़ की लग्गे राहि नालि। 2।
नदीऔ पार रांझण दा ठाण, कीता कऊल ज़रुरत जाण,
भिन्नतां करां मलाहि नालि। 3।
कहै हुसैन फ़कीर निमाणा, दुनीआं छोड़ि आख़र मर जाणा,
औडकि कंम अल्लाहि नाल। 4।

(दीन-धर्म, राहि-मह्ज़बी पाबन्दी, ठाणा-ठिकाना, कऊरुल-वायदा, मलाहि-मुर्शिद, गुरु।)

व्याख्या—मेरा मन उस बेपरवाह से जुड़ गया है जो धर्म और दुनिया का भी शाह (मालिक) है। अर्थात् मेरा मन परमात्मा में लीन हो गया है, जिससे सिर्फ़ मेरा ही नाता नहीं जुड़ा बल्कि सारी दुनिया का नाता उससे जुड़ा हुआ है। 1। रहाऊ।

प्रभु के मार्ग की ओर ले जाने का रास्ता सयाने साधु-फ़कीर बताते है और काज़ी मुल्ला इसके लिए सीखें और मत देते रहते हैं। प्रभु का मार्ग इन्हीं के द्वारा आसानी से पाया जा सकता है।

परन्तु इन सभी रास्तों पर चल कर इश्क़ को प्राप्त नहीं किया जा सकता। इश्क़ अपना रास्ता स्वयं ढूँढ़ लेता है। वह धर्म और शरीयत की मजहबी रवायतों द्वारा नहीं मिलता। इश्क़ अपने आप को मिटा देने में ही सुख पाता है। 2।

रांझे का ठिकाना नदी से पार है, लेकिन वायदा उससे मिलने का है, जिसे निभाना ज़रूरी है। उसके पास जाने के लिए मल्लाह की मिन्नतें कर रही हूँ। नदी से पार से भाव इस दुनिया रूपी भवसागर से है जिसके पार प्रीतम, परमात्मा (राँझा) रहता है। उससे मिलने का वायदा हरेक जीवात्मा ने किया है। क्योंकि वायदा किया है, जिसे निभाना ज़रूरी होता है,। मल्लाह से भाव उस मुर्शिद से है जो इस नदी के पार में मार्गदर्शक बनता है। 3।

इस दुनिया को छोड़कर अन्त में सभी ने मर ही जाना है, यही अन्तिम सत्य है। क्योंकि सभी को अल्लाह से ही नाता जोड़ना होता है। सभी को अल्लाह से ही काम पड़ता है। अल्लाह को इश्क़ में डूब कर ही पाया जा सकता है। 4।

105. राग जंगला

माही माही कूकदी, मैं आपे रांझण होई। 1। रहाऊ।
रांझण रांझण सभ कोई मैनूं आखो, हीर ना आखो कोई। 2।
जिस शहु नूं मैं ढूँढ़दी वत्तां, ढूँड़ लध्धा शहु सोई। 3।
कहै हुसैन साधां दे मिलिआं, निकल भोल गइ औई। 4।

(माही-प्रीतम, कूकदी- पुकारती, शहु-प्रीतम, तत्तां-फिरती हूँ, लध्धा-ढूँढ़ लिया, भोल-भूल, भुलावा।)

व्याख्या–अपने प्रीतम को, अपने राँझा को पुकारते-पुकारते मैं स्वयं राँझा हो गई हूँ। मेरा अस्तित्व मेरे प्रीतम में विलीन हो गया, मैं अपने राँझा में ही जा समायी। 1। रहाऊ।

अस्तित्व के विलीन हो जाने के कारण मैं अपने प्रीतम के जीवन का ही एक अंग हो गई हूँ। इसलिए मुझे मेरे प्रीतम के नाम से ही पुकारो, क्योंकि मेरा अपना अस्तित्व तो खो ही गया है। मुझे हीर की बजाए राँझा ही कह कर पुकारा जाए। 2।

मैं अपने जिस प्रीतम को बार-बार ढूँढ़ती घूम रही हूँ, आखिर में मुझे अपना प्रीतम (परमात्मा) मिल गया। ढूँढ़ने से परमात्मा भी मिल जाता है, उसी लोकोक्ति की ओर ही संकेत किया गया है। 3।

जब फ़कीरों और साधुओं से मिला तो सारा भुलावा दूर हो गया, और अपनी भूल सुधारने के लिए मैंने भी फ़कीरी को अपना लिया। उनसे सही मार्ग मिल गया। जिस पर चल कर परमात्मा की प्राप्ति सम्भव हो सकती है। 4।

106. राग गऊड़ी

मेरे साहिबां मैं तेरी हो मुक्कीआं। 1। रहाऊ।
मनहु ना विसारी तूं मैंनूं मेरे साहिबा, हरि गल्लों मैं चुक्कीआं। 1।
अऊगुणिआरी नूं को गुणु नांही, बखसि करै तां मैं छुट्टीआं। 2।
जिऊं भावै तिऊ राख पिआरिआ, दावणि तेरे मैं लुक्कीआं। 3।
जै तूं नज़र मिहर दी भालें, चढ़ि चऊबारे मैं सुत्तीआं। 4।
कहै हुसैन फ़कीर साईं दा, दर तेरे दी मैं कुत्तीआं। 5।

(विसारी-भुलाना, चुक्कीआं-भूल चुकी हूँ, अऊगुणिआरी-गुनाह, भार, बखसि-माफ़ी, क्षिमा, भावै-चाहे, मर्ज़ी, दावणि-दामन, चऊबारे-दसवाँ द्वार, छज्जा, दर-दरवाज़ा।)

व्याख्या–मेरे साहिब, मेरे प्रीतम। मैं तो तेरी हो चुकी हूँ। मैं तेरे लिए स्वयं

को मिटाने के लिए तत्पर हूँ, क्योंकि मुझे मालूम है कि तुझसे मिलन के बाद ही मेरी मुक्ति सम्भव है। 1। रहाऊ।

हे परमात्मा। अपनी नज़र-दृष्टि मुझ पर से न हटाना। मुझे अपनी शरण में ले लेना क्योंकि तुम्हारे अलावा मेरा कोई भी आसरा या सहारा नहीं है। 1।

मैं इस बात को मानती हूँ कि मुझ में कई अवगुण भरे हुए हैं, मैं पापी और गुनाह गार हूँ। लेकिन यदि तुमे मुझे बख़्श दो, मुझ पर मेहर करो तो मैं इस सब पापों से मुक्त हो सकती हूँ। 2।

जिस प्रकार भी तुम रखना चाहो, जिस हाल में रखना चाहो मैं उसी में रह कर खुश हूँ क्योंकि मैने तेरा दामन थाम लिया, उसी दामन में मैंने स्वयं को लपेट लिया है। अब जैसी तेरी मर्ज़ी हो, उसी प्रकार मुझे रख, मगर अपने आप से दूर मत कर। 3।

तेरी मेहर की नज़र पाने के लिए मैं दसवें द्वार तक पहुँचने की कोशिश करती हूँ। दसवें द्वार से भाव उस शून्य से है जहाँ शरीर और मन सभी कुछ खो जाते हैं। 4।

मुझे अपने से बिल्कुल दूर मत कर क्योंकि मैं तेरे दर से अब कहीं भी जाना नहीं चाहती। मुझे अपने दर का कुत्ता ही समझ ले, मगर मुझे दूर मत कर। 5।

107. राग धनासरी

मैनूं अंबड़ जो आखदी कत्ति नी, मैनूं भोली जो आखदी कत्ति नी। 1। रहाऊ।
मैं निजि कतणि नूं सिखखीआं, मैनूं लग्गीआं सांगा तिखखीआं,
मैं पछछी नूं मारा लत नी। 1।
हंझू रोंदा सभ कोई, आशिक रोदे रत्ति नीं। 2।
कहै हुसैन सुणए कै, इथ्थे फेरि ना आवणा वत्ति नीं। 3।

(अंबड़-माँ, कत्ति-कातना, निजि-कभी नहीं, सांगां-बरछी, पछछी-टोकरी, रत्ति-लहु।)

व्याख्या—मुझे मेरी माँ चरखा कातने के लिए कहती है। मेरी भोली-सी माँ मुझे काम करने के लिए प्रेरित करती है। यहाँ से भाव मुर्शिद से है जो चरखा अर्थात् प्रभु के नाम का जाप करने की दीक्षा देता है। चरखा निरन्तरता का प्रतीक है। लगातार नाम-जपने से अभिप्राय है। मुर्शिद को माँ इसलिए कहा गया है क्योंकि अक्सर माँ ही लड़कियों को घर का काम-काज सिखाती है। 1। रहाऊ।

मैंने आज तक चरखा कातना सीखा नहीं था, इसलिए जैसे ही मैं चरखा कातने लगी, मुझे उस की सींखचे तीखी नोक वाले बरछे के समान चुभने लगीं। अर्थात कोई भी काम जब पहले-पहले आरम्भ किया जाता है तो उसे सीखने में काफी

दिक़्क़त आती है। फिर प्रभु का नाम जपना तो सबसे कठिन काम है, वह आरम्भ करते ही कैसे आसानी से सीखा जा सकता है इसे जपने के लिए, मन को साधने के लिए अनेक यत्न करने पड़ते हैं।

इस कठिन काम से पीछा छुड़ाने के लिए मैं उस टोकरी को ही टाँगे मार कर पीछे फेंक देना चाहती हूँ, जिसमें पूनी कातने के लिए रखी जाती है। दुरूह कार्य से मनुष्य घबरा जाता है। उस घबराहट के कारण उससे दूर भागना चाहता है। 1।

किसी काम को करने में दिक्कतें आती है या जब किसी की प्राप्ति की इच्छा हो, वह आसानी से प्राप्त न हो तो लोग आँसू बहाने लगते हैं। परन्तु इश्क़ के मारे आशिक़ अपनी महबूब (परमात्मा) के वियोग में जब तड़पते है, तो ख़ून के आँसू रोते है। उनसे विछोह का दर्द सहा नहीं जाता। 2।

फ़कीर हुसैन इस बात को ज़ोर-ज़ोर से लोगों को सुना कर कहता है कि इस दुनिया में किसी ने भी दुबारा नहीं आना। इसलिए जो भी मनुष्य जन्म मिला है, उसमें ही अपने जीवन का लक्ष्य को प्राप्त करने का यत्न करना चाहिए। मृत्यु के साथ सब कुछ ख़त्म हो जाता है। 3।

108. राग सिंधड़ा

मैंहड़ी जान जो रंगे सो रंगें। 1। रहाऊ।
मस्तकि जिन्हां दे पई फ़कीरी, भाग जिन्हां दे चंगे। 1।
सुरती दी सूई प्रेम दे धागे, पेंवदु लग्गे सतसंगे। 2।
कहै हुसैन फ़कीर साईं दा, तख़्त ना मिलदे मंगे। 3।

(मैंहड़ी-मेरी, मस्तकि-माथा, भाग-क़िस्मत, सुरति-लिव, पेंवदु-जोड़ना, मंगे-माँगने से।)

व्याख्या–मेरी जान जिस रंग में रंगना चाहे, रंग जाये। क्योंकि मनुष्य के अपने हाथ में कुछ भी हासिल करना नहीं होता है। यह भी उसी की मर्ज़ी से निर्धारित होता है कि वह किसे क्या देना चाहता है, इसलिए वह जिस हाल में, जिस रंग में रंगना चाहे, सब मंज़ूर है। 1। रहाऊ।

जिनकी किस्मत में या जिनके माथे पर फ़कीरी पाना लिखा होता है, उन्हें ही वह नसीब होती है। उनका भाग्य इतना अच्छा होता है कि उन्हें परमात्मा की ओर से फ़कीरी मिलती है। अर्थात् फ़कीर होना एक बहुत बड़ी बात है जो हर एक की किस्मत में नहीं लिखी होती। 1।

फिर भी यदि प्रभु को पाना हो तो अपनी सुरति को प्रेम के धागे से पिरो कर

साधु-संतों की संगति में बैठाना चाहिए जिनकी संगति से दूसरे प्रेम-धागे से आसानी से परमात्मा से जुड़ा जा संकता है। इस एक पंक्ति में हुसैन होशमंदी, प्रेम और साधुजनों की संगति को प्रभु से मिलने का उपाय बताते हैं।

फ़कीर हुसैन के अनुसार फ़कीर जैसा तख़्त माँगने से नहीं मिलता। माँगने से कुछ भी हासिल नहीं होता और फ़कीरी वह शै है जो कठिन साधना और तपस्या से प्राप्त की जाती है। यहाँ माँगने से काम नहीं चलता। 3।

109. राग सिंधड़ा

मैड़ा दिल रांझण रावल मंगै। 1। रहाऊ।
जंगल बेले फिरां ढूँढेंदी, रांझण मेरे संगे। 2।
मेहीं आईआं मेरा ढ़ोल ना आएआ, हीर कूके विच झंगे। 3।
रातीं दिहे फिरां विच झल्ल दे, पुड़नि बंबूलां दे कढ़े। 4।
कहै हुसैन फ़कीर निमाणा, रांझण मिले किते ढंगे।

(रावल-जोगी, बेले-दरिया किनारे का जंगल, ढोल-पति, कूके-पुकारती, दिहे-दिन के समय, झल्ल-घना जंगल, बंबूला-बबूल, पुड़नि-चुकना।)

व्याख्या—मेरा दिल राँझा जोगी को माँगता है, उसे चाहता है। राँझा परमात्मा का प्रतीक है। 1। रहाऊ।

बावरी हुई मैं (हीर-जीवात्मा) रांझे को जंगल-बेले में खोजती हुई फिरती हूँ, क्योंकि राँझा जंगल-बेले में हीर के मवेशियों को चराया करता था। यहाँ पर जंगल-बेले से अभिप्राय जंगलों में तपस्या करने से है, जो लोग घर-संसार त्याग कर परमात्मा को जंगलों, पर्वतों या गुफाओं में खोजने लगते है। मगर इस पंक्ति के साथ ही यह भी स्पष्ट कर दिया गया है कि राँझा तो मेरे साथ ही है। मैं उसे बाहर जंगल-बेले में कहाँ ढूँढती फिर रही हूँ। परमात्मा सदैव मनुष्य के साथ है, सिर्फ़ उसे अपने भीतर खोजने और जानने की आवश्यकता है। बाहर ढूँढ़ना आसान मालूम देता है, परन्तु अपने भीतर खोजना कठिन। 2।

कई स्त्रियों (जीवात्माओं) के पति उन्हें मिल गये, परन्तु मेरा पति अभी तक नहीं आया। इसलिए हीर ज़ोर-ज़ोर से उसके वियोग में झंग (जहाँ हीर रहती थी) में उसे पुकार रही है। जिन्हें अभी तक प्रमात्मा की प्राप्ति नहीं हुई, वह अपने प्रीतम से मिलने की गुहार लगा रही है। 3।

प्रीतम के वियोग के कारण मैं दिन-रात घने जंगलों में भटकती-फिरती हूँ और मुझे कई कंटीली झाड़ियाँ और कांटे चुभ जाते है। प्रीतम के बगैर यह संसार, इस

की हर शै दिन-रात कांटों सी चुभती है। 4।

फ़कीर का यही कहना है कि, किसी भी ढंग से राँझा मिल जाए। फिर सभी दुख-दर्द दूर हो जायेगें।

110. राग गूजरी

मैंड़ी दिल तैड़े नाल लग्गी।
तोड़ी नहीं तुटदी छोड़ी नहीं छुटदी, कलम रबानी वग्गी। 1। रहाऊ।
साईं दे खज़ाने खुल्ले, असां भी झोलड़ी अडडी। 1।
किचरक वाली मैं अकल दा दीवा, बिरहु अंधेरड़ी वग्गी। 2।
कोई मीरी कोई दोली शाह हुसैन फडडीं। 3।

(कलम-तकदीर लिखने वाली कलम, रबानी-रब की, साईं-परमात्मा, बिरहु-वियोग, अंधेरड़ी-अंधी आंधी, मीरी-पहला नंबर, दोली-दूसरा, फडडी-अन्तिम।)

व्याख्या–मेरा दिल तुझसे जुड़ा हुआ है। मेरा इश्क़ तुझ से है। रब्ब(परमात्मा) की कलम से यह इश्क़ हम दोनों के बीच लिखा है, वह न किसी के तोड़ने से टूटेगा और ना ही स्वयं से इसे छोड़ा जा सकता है। एक बार जो प्रभु के इश्क़ में स्वयं को समर्पित कर दे वह पीछे लौटना भी चाहता। इसमें ही खो कर जीना चाहता है। 1। रहाऊ।

जब प्रभु की बख़्शीश हो रही थी, उसकी कृपादृष्टि के खज़ाने को देख कर हमने भी अपनी खाली झोली आगे कर दी थी ताकि प्रभु की निगाह पड़ने से उसकी मेहर हम पर हो जाये और हम उसके भक्तों में शामिल हो जायें। 1।

कितनी उम्र तक मैं स्वयं को ज्ञानवान समझने की भूल करता रहा और अपनी अक्ल और तर्कों से प्रभु को पाने की बजाय उससे दूर होता गया। अब इतना दूर आ चुका हूँ कि अब बिरहा की आँधी तेज़ी से चलती महसूस हो रही है। 2।

इस संसार में एक-एक करके सभी विदा हो गये, कोई पहले या बाद में। अब तो शाह हुसैन का नम्बर भी आने ही वाला है। अक्ल, ज्ञान सभी कुछ यहीं पर रह जायेगा और मनुष्य को यहाँ से ख़ाली हाथ जाना पड़ेगा। 3।

111. राग कलियान

मैंडे सज्जणां वे मऊले नाल बणी।
दुनियां वाले नूं दुनियां दा माणा, नंगां नूं नंग मणी। 1। रहाऊ।
न असीं नंग न दुनियां वाले, हसदी जणी खणी। 2।

दुनिया छोड़ि फ़कीर थीआ से, जागी प्रेम कणी। 3।
कहै हुसैन फ़कीर साईं दा, जाणे आप धणी। 4।

(मऊले-परमात्मा, नंगा-ग़रीब, फ़कीर, मणी-अभिमान, कणी-अंश, धणी-पति, परमात्मा।)

व्याख्या—मेरे साजन मेरी आपने प्रीतम के साथ बन गयी है। अब यह नाता सदैव क़ायम रहने वाला है।

हर एक को अपनी मर्ज़ी और स्वभाव वालों के साथ जीना अच्छा लगता है। जो दुनिया में रह कर, इसके आडम्बरों को जीवन मानते हैं, उन्हें यह दुनिया भली लगती है। दूसरी ओर फ़कीरों और साधुओं को अपनी फ़कीरी भाती है। उन्हें किसी से कोई लेना-देना नहीं होता। 1। रहाऊ।

इस जहान में दुनियावी और फ़कीर—सभी तरह के लोग बसते हैं। सभी अपने-आप में खुश और मस्त हैं। दोनों प्रकार के लोगों को एक-दूसरे से कुछ लेना-देना नहीं है। परन्तु मालूम नहीं कई लोग इससे भी संतुष्ट नहीं होते और दूसरों पर हँसते-फबतियाँ कसते रहते हैं। 2।

जब से मैने इस दुनिया, इसके आडम्बरों और खोखली जिन्दगी से नाता तोड़, फ़कीरी को अपना लिया है, तब से मेरे अन्दर प्रेम की किरण चमकने लगी है। मैं सच्चे प्रेम से रू-ब-रू हो गया हूँ। मुझे झूठ और सच की परख होने लगी है। 3।

सभी कुछ करने वाला कर्ता और ज्ञाता वह स्वयं है। उसकी इच्छा के बग़ैर कुछ भी सम्भव नहीं। इसलिए चिन्ता, परेशानी में धंसने की बजाए उसके हर फ़ैसले को सिर झुका कर स्वीकार कर लेना चाहिए। वह सर्वज्ञाता और सर्वशक्तिमान है। 4।

112. राग बिलावल

मैं भी झोक रांझण दी जाणा, नालि मेरे कोई चल्ले। 1। रहाऊ।
पैंरीआं पऊःदी मिन्नतां करदी, जाणा तां पएआ इकल्ले। 1।
नैं भी डूंघी तुल्ला पुराणा, शीहां तां पत्तण मतले। 2।
जे कोई खबर मित्तएं दी लिआवे, मैं हथ्थ दे देनीआं छल्ले। 3।
रातीं दरद, दिहें दरमांदी, धाऊ मित्तरां दे अल्ले। 4।
राँझा यार तबीब सुणीदां, मैं तन दरद अवल्ले। 5।
कहे हुसैन फ़कीर निमाणा, साईं सुनेहड़े घल्ले। 6।

(झोंक-गाँव, नैं-नदी, तुल्ला-बेड़ा, छल्ले-अँगूठी, दरमांदी-व्याकुल, दुखी,

अल्ले-ज़ख्म, तबीब-हक़ीम, अवल्ले-अनोखे।)

व्याख्या—मैंने भी राँझा के गाँव में जाना है, मेरे साथ कोई चले। सभी ने राँझा (परमात्मा) के दरबार में जाना है। वहाँ जाने के लिए सभी तैयार हैं मुझे भी किसी के साथ की ज़रूरत है। 1। रहाऊ।

राँझा के गाँव में जाने और साथ-प्राप्ति के लिए मैंने कई लोगों की मिन्नतें कीं, उनके पैरों में गिरी, लेकिन वहाँ मुझे अकेले ही जाना पड़ा। अर्थात् परमात्मा तक ले जाने के मार्ग अनेक हैं। अनेक प्रकार के धर्म, सम्प्रदाय, मत और गुरु दुनिया में मौजूद है। वैसे भी सभी की अन्तिम मंज़िल परमात्मा में विलीन होना है, परन्तु उस मार्ग तक पहुँचने के लिए स्वयं ही कठिन साधना और तपस्या करनी पड़ती है। इस मार्ग पर सभी को अकेले-अकेले ही जाना पड़ता है। 1।

प्रभु तक जाने वाला मार्ग अत्यन्त कठिन और दुरूह है। उस पार तक जाने वाली नदी बहुत गहरी है और बेड़ा भी पुराना है। वहाँ तक जाने के लिए अनेक मल्लाहों ने किनारों पर कब्ज़ा किया हुआ है। यहाँ पर मल्लाहों से नाव अनेक धर्म गुरुओं और मौलवियों आदि से है। इन सभी धर्मों सम्प्रदायों और गुरुओं में से सही चयन करना ज़रूरी है। 2।

यदि मुझे इन सब में से सही मित्र(गुरु) के बारे में सूचना देगा और उस गुरु तक ले जायेगा, मैं उसे अपने हाथ की अँगूठी भी देने को तैयार हूँ। 3।

मुझे दिन-रात यही पीड़ा और दर्द सताता रहता है। मेरे जो मित्र भी प्रभु के मार्ग पर चले, उस कठिन रास्ते पर मिली कठिनाईयों के कारण उन्हें अनेक चोटें और ज़ख्म सहने पड़ रहे हैं। यह ज़ख्म अभी तक ताज़ा और गहरे हैं। 4।

मैंने सुना है कि मेरा यार राँझा(परमात्मा) एक अच्छा हकीम भी है। और इस वियोग के दर्द की दवा वही दे सकता है। यह दर्द अनोखा है और उसका इलाज करने वाला भी अनोखा वैद्य हैं। 5।

हुसैन का मानना है, साईं स्वयं ही अपने पास बुला लेता है। इसलिए मैं इसी इन्तज़ार में हूँ कि कब मेरा साईं मुझे अपने पास बुलाने का संदेश भेजता है। 6।

113. राग तिलंग

मंदी हाँ कि चंगी हाँ, भी साहिब तेरी बंदी हाँ। 1। रहाऊ।
गहिल लोकु जाणै दीवानी, मैं रंग साहिब दे रंगी हाँ। 1।
साजनु मेरा अखखीं विचि वसदा, मैं गलीऐ फिरां निशंगी हाँ। 2।
कहै हुसैन फ़कीर साईं दा, मैं वर चंगे नाल मंगी हाँ। 3।

(भी-परन्तु फिर भी, बंदी-दासी, गहिल-बेसमझ, दीवानी-शुदैण, रंग-प्यार की मस्ती, गलीऐ-गलियों में, निशंगी-बेधड़क, वर-मंगेतर।)

व्याख्या–चाहे मैं अच्छी हूँ या बुरी हूँ, मगर प्रभु तेरी ही बंदी हूँ। मनुष्य कोई भी हो, अच्छा या बुरा, सभी में परमात्मा का अंश विद्यमान रहता है। सभी मनुष्य परमात्मा से ही जुड़े होते हैं। इसलिए हरेक मनुष्य परमात्मा के विशाल अस्तित्व का ही एक हिस्सा है। सभी में उसी की जीवन-जोत जागृत होती है। 1। रहाऊ।

बेसमझ लोग यह समझते हैं कि मैं कोई दीवानी या शुदैण हूँ, मगर उन्हें मालूम नहीं मैं अपने प्रीतम के रंग में रंगी हूँ। उसके इश्क़ में दीवानी हुई हूँ। 1।

मेरी साजन मेरी आँखों में बसता है। इसलिए मुझे किसी का भी कोई डर या भय नहीं सताता है, मैं गलियों में बेधड़क होकर घूमती-फिरती हूँ। फक़ीरों को अपनी मस्ती से फ़ुरसत नहीं होती। वह लोग-लाज के डर से अत्यन्त दूर रहते हैं। 2।

हुसैन फ़कीर मानता है कि उस जैसा कोई भी नहीं क्योंकि जिस मंगेतर से उसका विवाह निश्चित हुआ है, उसका किसी से कोई मुकाबला नहीं किया जा सकता है। 3।

114. राग श्री

रब्बा मेरे हाल दा महिरम तूं। रहाऊ।
अंदरि तूं है बाहरि तूं है, रोमि रोमि विचि तूं। 1।
तूं है ताणा तूं है बाणा सभ किछु मेरा तूं। 2।
कहै हुसैन फ़कीर निमाणा, मैं नाहीं सभु तूं। 3।

(महिरम-राज़दार, भेदी, ताणा-फैलाव, पसारा, निमाणा-बेचारा।)

व्याख्या–ओ रब्बा! तू मेरे दिल की हालत जानता है। असल में सिर्फ तू ही मेरा राज़दार है। इसलिए मै किसी और के आगे अपनी हालत बयान नहीं कर सकता। रहाऊ।

रब्ब से कुछ भी छुपाना सम्भव नहीं होता क्योंकि सारी सृष्टि और मनुष्य के भीतर वही समाया हुआ है। मेरे रोम-रोम में सिर्फ तू ही तू है। तेरे अलावा न मुझे कुछ सूझता है, न भाता है। 1।

इस सारे संसार में एक उसी का ही पसारा है। कुदरत, प्रकृति और मनुष्यों में जो भी दिखता है, वह सब उसी के अस्तित्व को प्रकट करता है। इसलिए मेरा तो जो कुछ भी है अर्थात् शरीर, मन, अक्ल, अन्तर्मन–सभी उसका ही एक अंश है। 2।

फ़कीर का कहना है कि, मैं तो कही पर भी नहीं हूँ जो कुछ भी है, सभी कुछ

तू ही तू है। मेरा अस्तित्व तेरे अन्दर समा जाना चाहता है, तेरे ही अस्तित्व का एक अंग है, तुझ से मैं दूर रह भी कैसे सकता हूँ? 3।

115. राग तिलंग

रब्बा मेरे गोड़े दे हेठि पिरोटड़ा।
मै कत्तनी हाँ चाईं चाईं। 1। रहाऊ।
तन तंबूर रगां दीआं तारु, मैं जपनी हाँ साईं-साईं। 1।
दिल मेरे विचि ऐहो गुजरी, मैं सच्चे सो नेहुं लाईं। 2।
कहै हुसैन फ़कीर साईं दा, मेरी लग्गड़ी तोड़ निबाहीं। 3।

(पिरोटड़ा-पटारी, चाईं-चाईं-खुशी-खुशी, तंबूर-तम्बूरा, तानपुरा, सो-साथ, नेहुं-प्यार, स्नेह, लग्गड़ी-लगी, निबाही-निभाया।)

व्याख्या–ऐ रब्बा! मेरे घुटने के नीचे पटारी है, जिसमें सूत के गोले रखे हुए हैं। अपने हिस्से का काम करना मेरे ही हाथ में है। उसे मैंने अपने घुटने के नीचे दबा कर रखा हुआ है।

अपने हिस्से का काम मैं खुशी-खुशी कर रही हूँ। यहाँ पर कातने से भाव नाम जपने और सिमरन करने से है। 1। रहाऊ।

मेरा शरीर तानपुरे के समान है, उसमें शामिल रगें उसकी तारों के समान है। जिनसे मैं सारा वक़्त तेरा नाम जपती हूँ। श्वास-श्वास और रोम-रोम से मैं अपने प्रभु का नाम जपती हूँ। 1।

मेरे दिल में प्रभु के लिए सच्चा स्नेह है। परन्तु फिर भी मुझे तेरा वियोग सहना पड़ रहा है। 2।

मेरी तेरे आगे इतनी ही विनती है कि मेरा स्नेह कभी टूटे ना। इस स्नेह को, प्यार को तुम सदा आखिरी दम तक निभाना। तुम मुझे इतनी हिम्मत देना कि मेरा स्नेह कभी न टूटे और मुझे तेरे चरणों में स्थान मिले। 3।

116. राग रामकली

रातीं सवें दिहें फिरदी वत्ते, तेरा खेडणि नालि बापार जिंदू।
कदीं ऊठ राम समार जिंदू। 1। रहाऊ।
साहुरड़े घरि अलबति जाणा पेईअड़ै दिन चार जिंदू। 1।
अजि तेरे मुकलाऊ आए रहीऐ ना कोए बिचार जिंदू। 2।
कहै हुसैन फ़कीर साईं दा आवण ऐही वार जिंदू। 3।

(वत्तें-फिरना, समार-संभाल, अलबति-ज़रूर, पेईअड़े-मायका, मुकलाऊ-मुकलावा, गौना, वार-एक बार।)

व्याख्या–ऐ स्त्री (जीवात्मा) तू रात को निश्चिंतता से सो जाती है और दिन के समय घूमती रहती है। तूं दिन-रात खेल-तमाशे और काम-धन्धे में ही अपना जीवन गुज़ारती रहती है। दिन और रात में वह सदा अपनी ही दुनिया में मस्त रहती है।

इस दिन-रात के चक्रव्यूह से निकल कर कभी तो राम के नाम को संभाल ले। कभी तो उसके नाम का जाप कर लेना चाहिए। 1। रहाऊ।

आख़िर एक दिन ससुराल में जाना है, जो परमात्मा का घर है, इस दुनिया में जो जीवात्मा का मायका है, एक दिन मौत के बाद छोड़ कर जाना ही पड़ेगा। यहाँ चार दिन ही रहना है। 2।

आज जब तेरे मुकलावे या गौना का वक्त आया है तो जाते समय कोई भी सोच-विचार करने की ज़रूरत नहीं है। जब भी मौत का समय आ जायेगा और यमराज जीवात्मा को ले जाने के लिए आ जायेंगे तो कुछ भी सोचना-विचारना सम्भव नहीं हो सकेगा। 2।

इस संसार में मनुष्य ने सिर्फ़ एक बार ही जन्म लेना है और मौत के बाद यहाँ से चले जाना है। इसलिए इस सारे जीवन को व्यर्थ में न गंवाते हुए प्रभु के सिमरन में स्वयं को समर्पित करना चाहिए। 3।

117. राग रामकली

रोंदा मूल ना सौंदा ही।
जिस तन दरदां दी आह सोई तन रोंदा ही।
कनिआरी दी सेजै ऊपर, सुखीआ कोई ना सौंदा ही।
चारे पल्ले मेरे चिक्कड़ अन्दर वसदा कोई संत तबीब मिलाऊंदा ही।
कहै हुसैन फ़कीर रब्बाणा, जो लिखिआ सोई होंदा ही।

(कनिआरी-काँटों भरी, बूड़े-डूबे, तबीब-हकीम, रब्बाणा-परमात्मा।)

व्याख्या–रोने वाले मनुष्य को चैन की नींद नहीं आती। अपनी बेचैनी और परेशानी के कारण वह आराम से सो नहीं पाता।

जिस शरीर में पीड़ा हो, दर्द हो, वह शरीर रोता ही रहता है। शारीरिक पीड़ा संताप पैदा करती है, और यह वास्तव में मनुष्य महत्वाकांक्षी होता है। सुख और चाहत की इच्छा पूरी न होने पर वह स्वयं को दुखी महसूस करता है और फिर रोने लगता है।

मगर मनुष्य को इस बात की समझ नहीं आती कि जिस खुशियों और सुखों के पीछे भागता फिर रहा है और फिर रोने लगता है, असल में यह सुख मृगतृष्णा है और कँटीली सेज के समान है, जिस पर कभी भी सुख की नींद नहीं आ सकती।

बंदे के हाथ-पैर कीचड़ में डूबे हुए हैं, उसे वह इसे मल-मल कर धो नहीं सकता। यह कीचड़ स्वार्थ, ईर्ष्या, लोभ और वह सभी बातें हो सकती हैं जो उसे परमात्मा के सिमरन से दूर करती है। जब तक यह कीचड़ वह साधुओं की संगति या सिमरन द्वारा नहीं धोता, तब तक वह कीचड़ में गहरे डूबे रहेगा।

इस दर्द से छुटकारा तभी मिल सकता है जब अन्दर बसते प्रभु से कोई सन्त नामक हकीम नहीं मिलवाता है। साधु-फ़कीरों की संगति ही मनुष्य को दुनियावी धंधों को दूर कर उसे अन्दर बसते प्रभु से मिलवा सकती है।

हुसैन के अनुसार, जो परमात्मा ने लिखा है, अन्त में वही होगा। उसके लिखे पर यक़ीन करना चाहिए।

118. राग रामकली

लिखी लोह कलम दी कादर नी माऐ मोड़ जे सकनी है मोड़। 1। रहाऊ।
डोली पाए ले चले खेड़े ना मैंथों उज़र ना ज़ोर।
रांझण सानूं कुंडीआं पाईआं दिल विच लग्गीआं ज़ोर । 1।
मछछी वांग पई तड़फां कादर दे हथ्थि डोर।
कहै हुसैन फ़कीर साईं दा, खेड़िआं दा कूड़ा शोर।

(कलम-कलम, किस्मत लिखने वाली, कादर-रब्ब, प्रभु, उज़र-इन्कार, कुंडीआं-ज़ंजीर का कुंडा, डोर-रस्सी, कूड़ा-शोर।)

व्याख्या—नसीब में परमात्मा ने जो भी लिख दिया है, उसे कोई भी मिटा नहीं सकता। नियति भी बलवान होती है और भाग्य में जो भी बदा हो, जीवन में वही प्राप्त होता है। इसे किसी प्रकार भी टाला नहीं जा सकता। 1। रहाऊ।

यदि हीर खेड़ों से शादी रचाना भी नहीं चाहती थी, परन्तु उसके भाग्य में राँझा से जुदाई और खेड़ों से विवाह बंध था, इसलिए उसी प्रसंग के तहत बताया गया है कि जब खेड़े हीर को विवाह के लिए जा रहे थे तो हीर कोई इन्कार करने की हिम्मत न जुटा सकी। अनचाही परिस्थितियों को मजबूरीवश सहना ही पड़ता है।

हालाँकि हीर के दिल में राँझा का प्यार ही हिलोरें मारता था, बावजूद इसके वह अपनी किस्मत के ज़ोर को टाल ना पाई।

जब मनचाहा प्राप्त ना हो सके तो अक़्सर मछली की भांति तड़पना भी पड़ता है, परन्तु इस बात की तसल्ली भी है कि उस कादर के हाथ में सभी की डोर है और वह कभी भी किसी के साथ बुरा नहीं करता।

परमात्मा पर यकीन न रखने वाले ही खेड़ो के समान झूठ और ज़ोर-जर्बदस्ती का शोरगुल मचाते हैं जबकि हाय-तौबा करने से भी कुछ हासिल नहीं होता।

119. राग परज

वाहो बणदी है गलत, सजण नालि मेला करीऐ।
पारि खडा मितर रांझन, सारे बाहलीऐ नैं तरीऐ।1। रहाऊ।
भऊ सागर बिखड़ा अति भारी, साधां दे बेड़े चढ़ीऐ।2।
साईं कारनि जोगनि होवां, करीऐ जो किछु सरीऐ।3।
लख्ख टका मै सरीनी देवां, जे शहु पिआरा वरीऐ।4।
मिलिआ यार होई रुशनाई दम शुकराने दा भरीऐ।5।
कहै हुसैन हयाती लोड़ैं, तां जींवदिआं ही मरीऐ।6।

(नैं-नदीं, सागर-समुद्र (संसार) बिखड़ा-कठिन, सरीनी-मीठा शीरा, रुशनाई-नूर, शुकराने-धन्यवाद, हयाती-ज़िन्दगी।)

व्याख्या–कितना बढ़िया हो यदि साजन के साथ मेल हो जाये। तभी बात बनेगी जब प्रीतम के साथ संयोग हो जाए।

इस संसार के पार मेरा प्रीतम, मित्र राँझा खड़ा है जिसके मिलने के लिए सभी जाना चाहते हैं, इसलिए नदी को तैर कर पार करना होगा। 1। रहाऊ।

इस दुनिया का भवसागर तैर कर पार करना अत्यन्त कठिन है, इसलिए किसी ना किसी साधु-फ़कीर के बेड़े पर चढ़ जाना चाहिए। अर्थात् इस संसार को बिना मार्गदर्शन के अकेले पर करना बहुत मुश्किल होता है, तभी फ़कीरों या साधों की संगति से उनके बेड़े या उनके द्वारा सुझाए मार्गदर्शन से प्रेरणा लेना अत्यन्त लाभदायक रहता है। 2।

अपने साईं के कारण मुझे जोगन होना भी मन्जूर है। उसके लिए मैं जो भी कर सकूँ, करूँ। जोगना बन परिवार-समाज तक का त्याग करना भी स्वीकार है। 3।

यदि मुझे मेरा प्रीतम मुझे मिल जाये तो मैं लाख टकों की शीरनी मिन्नत पूरी होने के उपलक्ष्य में बाटूँगी। बस, एक बार प्रीतम प्यारा मिल जाये। 4।

जब प्यारे मित्र का नूर मुझ तक पहुँच जाये, उसकी मिहर हो जाये, उसके

दर्शन हो जाये तो उसका शुक्रिया अदा करना चाहिए। 5।

ऐ हुसैन, यदि तूं वास्तव में ज़िंदगी जीना चाहता है तो जीते-जी मरने को तैयार होना सीख ले। ज़िन्दगी का मोह त्याग कर ही मौत को हर वक़्त स्वीकार करके ही परमात्मा के नज़दीक जा सकता हे। 6।

120. राग वडहंस

वारी वो देख निमाणिआं दा हाल, कदावीं वो मिहर पवीं। 1। रहाऊ।
रातीं दरद दिहें दरमांदी, बिरहु भछाइअड़ सींहु। 1।
रो रो नैण भरेनी हाँ झोली, जिऊं सावणदड़ो मींह।
गल विव्च पन्लू, मैंड़ा दस्त पैरां ते, कदी तां असाड़णा थीऊ। 3।
सिर सदके कुरबानी कीती, घोल घुमांदी हाँ जीऔ। 4।
कहे हुसैन फ़कीर साईं दा, होर भरोसा नही कहीं दा,
मान मिलाअड़ों पीऊ। 5।

(कदावी-कभी, मिहर-कृपादृष्टि, दरमांदी-दुखी, बिरह-वियोग, भछाइअड़-खा जाने वाला, सींहु-शेर, सावणदड़ों-सावन का महीना, दसत-हाथ, थीऊ-होना, धोल घुमांदी-कुर्बान जाना कही दा-किसी का।)

व्याख्या–उन नासमझों का हाल देखो जिन पर कभी परमात्मा की मेहर नहीं हुई। उनकी क्या हालत हो जाती है। ऐ परमात्मा कभी उन नासमझों पर अपनी कृपादृष्टि डाल, ताकि उनका जीवन संवर जाए। 1। रहाऊ।

रात को मेरा शरीर दर्द सहता है, क्योंकि मुझे बिरहा का शेर खा जायेगा। जब तक प्रीतम से मिलन नहीं होता, तब तक बिरहा सहनी पड़ती है जिसका दर्द बहुत ही तीखा होता है। 1।

मैं रो-रो कर अपना दुपटटा भिगो लेती हूँ, जैसे सावन के महीने में बारिश पड़ती है। यह आँसू प्रीतम के वियोग के कारण दुख और पीड़ा से निकलते हैं। 2।

मैं गले में दामन डाल, अपने हाथों से तेरे चरणों में समर्पित होती हूँ, कभी तो मेरे घर भी आओ। कभी तो मेरे समर्पण को स्वीकार कर, मुझे अपने चरणों में स्थान दोगे। 3।

मैं अपने प्रीतम से कुर्बान होने के लिए भी तैयार हूँ, यदि उसकी निगाह मुझ पर पड़ जाए। 4।

बस अब प्रीतम से मिलन हो जाये, यही अन्तिम इच्छा है। अब मुझे किसी और का कोई भी भरोसा नहीं, मुझे भरोसा सिर्फ़ अपने प्रीतम पर है। 5।

121. राग सोरठ

वारे-वारे जानीआं घोलीआं नहीं। 1। रहाऊ।
जिस साजन दा देवऊ तुसीं मेहणा, तिस साजान दी मैं गोली आही नी। 1।
अचाचेती भोलि भुलावे, बाबल दे घरि भोली आहि नी। 2।
कहै हुसैन फ़कीर निमाणा तुधु बाझऊ कोई होर ना जाणा।
खाक पैरां दी मैं रोली आही नहीं। 3।
(धालीआं-कुर्बान जाती हूँ, गोली-दासी, अचाचेती-अचानक।)

व्याख्या–मैं अपने साजन पर कुर्बान हो जाना चाहती हूँ। अपने प्रीतम पर न्योछावर हो जाना चाहती हूँ। 1। रहाऊ

मै अपने साजन के इश्क़ में पूरी तरह से डूबी हुई हूँ। लोग मुझे उस साजन के नाम से ताने मारते हैं, जबकि मैं उसकी दासी हूँ। मैं उसकी बराबरी नहीं कर सकती, मुझे उसका नाम लेकर ताने मत मारो। 1।

मैं तो अचानक ही भुलावे में पड़ गयी, मुझे कुछ समझ में नहीं आ रहा। मैं बाबुल के घर में भी भोली और अनाड़ी रही और भुलावे और भम्र में पड़े के कारण जान नहीं पायी कि मुझे अपने प्रीतम के पास जाना है। 2।

मैं तेरे सिवाय किसी और को नहीं जानती। तेरे अलावा मेरा कोई भी नहीं है। अपने पैरों की मिट्टी को मैं सदा रौंदते आई हूँ। जबकि अन्त में स्वयं इसी मिट्टी में विलीन हो जाना है। 3।

122. राग आसा

वेला सिमरन दा नी उठी राम धिआई। 1। रहाऊ।
हथ्थ मले मल पछछोतासैं, जद वैसीआ वख्त विहाई। 1।
इस तिड़े तो भर-भर गईआं तूं आपणी वार लंघाई। 2।
इकनां भरिआ इक भर गईआं इक घरे इक राहि। 3।
कहै हुसैन फ़कीर साईं दा आतण घेरा पाई। 4।

(वैसीआं-जोयगो, वख्त-वक़्त, विहाई-बीत गया, तिड़े-नदी से पानी भरने का स्थान, आतण-लड़कियों की टोली।)

व्याख्या–प्रभु के नाम सिमरन का समय आ गया है, उठो, और उठकर राम के नाम का जाप करो। 1। रहाऊ।

जब वक़्त बीत गया तब बाद में हाथ मलने और पछताने के सिवाय कुछ भी

हासिल नहीं होगा। 1।

इस दुनिया रूपी नदी से सभी मनुष्य अपने-अपने हिस्से का पानी भर कर ले गये अर्थात् अपना जीवन जी कर चले गये, अब तू अपनी बारी आने का इन्तज़ार कर। 2।

कुछ लोगों ने इससे अपने हिस्से का पानी भर लिया है, कुछ लोग भर रहे हैं। और कुछ पानी भर-भर अगले रास्ते पर भी चल पड़े हैं। जीवन-मृत्यु के निरन्तर चलते चक्र की ओर संकेत किया गया है। 3।

आने-जाने का यह सिलसिला यू ही चलता रहेगा और लोग घेरा डाल कर आते और जाते रहेंगे। इस आवागमन के चक्कर में प्रभु के सिमरन को मत विसारो। 4।

123. राग तिलंग

वो की आकड़ि आकड़ि चलणा। 1। रहाऊ।
खाइ खुफाकां ते पहिन पुशाकां की जम दा बक्करा पलणा।
साढ़े तिन्न हथि मिलकु तुसाड़ा, किऊं जूह पराई मलणा। 2।
कहै हुसैन फ़कीर साईं दा, अन्त खाक विच्च रलणा। 3।

(आकड़ि-अंहकार, जम-यमराज, मिलकु-ज़मीन, जूह-स्याना।)

व्याख्या–ऐ मानुस! तूं किसलिए इतने अंहकार और अभिमान से चलता है? तुझे किस बात का इतना गुमान है कि तू अपने सामने किसी को भी कुछ नहीं समझता। 1। रहाऊ।

अच्छी खुराक खा कर और बढ़िया पोशाकें पहन कर तू स्वयं को बड़ा समझता है जबकि तुझे यह मालूम नहीं तूं यमराज के लिए तैयार होता है। अन्त में यमराज या अज़राईल ने तुझे उठाकर ले जाना है। यह खुराकें, यह पोशाकें यही पर रह जायेंगी।

मनुष्य को सिर्फ साढ़े तीन हाथ ही जगह चाहिए, यहां उसने अपनी आखिरी मंज़िल तय करनी हैं। इससे ज़्यादा जगह की ज़रूरत ही नहीं पड़ती। इसलिए बाक़ी ज़मीन-जायदादें इकट्ठी करके मनुष्य क्यों पराए लोगों की ज़मीनों पर कब्ज़ा करता है? उसकी अपनी मिल्कियत सिर्फ साढ़े तीन हाथ ही है (यह कब्र की लम्बाई होती है)। 2।

अन्त में खाक में ही मिल जाना है। सब कुछ यहीं पर धरा रह जायेगा। फ़िज़ूल में दुनियावी साजो-सामान को इकट्ठा करने की कोशिश मत कर, सब व्यर्थ है। 3।

124. राग बिलावल

वो गुमानीआं दम गनीमत जाणा। 1। रहाऊ।
किआ लै आइऊ किआ लै जासैं फ़ानी कुल जहान। 1।
चार दिहाडै गोइल वासा इस जीवन दा किआ भरवासा
ना करि इतना माणा। 2।
कहै हुसैन फ़कीर निमाणा, आखर खाक समावणा। 3।

(गुमानीआं-अंहकारी, दम-साँसें, प्राणा ग़नीमत-अनमोल वस्तु, जाणा-समझ लो, फ़ानी-नाशवान, गोइल-झुग्गी, भखाया-भरोसा, समाण-समा जाना।)

व्याख्या–ओ अंहकारी मानुस! अपनी साँसों को गनीमत समझ और एक बात को अच्छी तरह से जान ले। 1। रहाऊ।

तू इस दुनिया में क्या लेकर आया था, साथ क्या ले जायेगा जबकि सारा जहान ही नाशवान है। अर्थात् मनुष्य इस संसार में खाली हाथ आता है और खाली हाथ ही वापस जाता है। यहाँ पर मनुष्य सभी कुछ नाशवान है। 1।

उसने अपने जीवन के नाशवान के चार दिन यहाँ बिता लिये है। वह इस दुनिया में सिर्फ कुछ दिनों का जीवन जीने के लिए ही आता हे। इस जीवन का कोई भरोसा नहीं है, इसलिए कम से कम इस पर गुमान तो मत कर। 2।

तूने तो अन्त में खाक कें समा जाना है, मिट्टी में मिल जाना है। अंहकारी मनुष्य, अंहकार करना छोड़ दे। 3।

125. राग परजु जोग

वो चार जिन्हां दा इश्क़ तिन्हां नूं कत्तण केहा,
अलवेली किऊं कत्ते। 1। रहाऊ।
लग्गा इश्क़ चुकी मसलाहत बिसरीआं पंजे सत्ते। 2।
घाइलु माइलु फिरै दिवानी, चरखे तंद ना घत्ते। 3।
मेरी ते माही दी परीति चरोकी, जां सिरि आहे ना छत्ते। 4।
कहै हुसैन फ़कीर निमाणा नैण साईं मत्ते। 5।

(अलबेली-नासमझ, बेपरवाह, मसलाहत-सलाह-मशिवर, माइलु-अधमरी, रत्ते-डूबे हुए।)

व्याख्या–ऐ दोस्त। जिन्हें साजन से इश्क़ हो जाता है, फिर उन्हें चरखे पर सूत कातने अर्थात् नाम-सिमरन की ज़रूरत नहीं रह जाती, क्योंकि इश्क़ में जीवात्मा,

परमात्मा का नाम में पूरी तरह विलीन हो जाती है। उसे अलग से परमात्मा का नाम जपने की आवश्यकता नहीं रहती। इसलिए कहा गया है कि इश्क़ में डूबी बेपरवाह और दीवानी हुई जीवात्मा को कुछ भी करने की ज़रूरत नहीं। 1। रहाऊ।

इश्क़ लग जाने पर बाकी कार्य जिनमें अपनी अक्लमंदी को प्रकट करना या मज़हबी प्रभाव में आना सभी कुछ छूट जाता है। सभी कुछ भूल जाता है।। 2।

इश्क़ की मदहोशी में खोयी, अधमरी सी हालत में, अपने से भी लापरवाह घूमती जीवात्मा का किसी भी काम को करने में मन नहीं करता इसलिए वह चरखे की एक भी तान खींचने को तैयार नहीं होती। 3।

मेरे और मेरे प्रीतम की प्रीत बेहद पुरानी है। यह आज का नामा नहीं है। 4।

मुझे किसी भी परेशानी या दुविधा को परवाह नहीं, क्योंकि मेरे नयन मेरे साईं के इश्क़ में डूबे हुए है। 5।

126

सच्चा आख मुईऐ कौण होनी है। सच्च आख दिखा कौण होनी हैं।
आपणा आप पछाण कुड़े कौन होनी है।
चोरी आवैं चोरी जावैं, दिल दा भेत ना देनी हैं।
छलड़ीआं दुइ पाइ पडोटे, लाऐ बज़ार खलोनी हैं।
पल्ले खरच न कूने पाणी, केड़ही मज़ल पुछेनी है।
साढ़े त्रै हथ्थ मिलख बंदे दी, काहे बहुत मलेनी है।
चारे पल्ले तेरे चिक्कड़ डूब्बे केहड़ा मल मल धोनी है।
तेरी खतिर लेफ़ निहाली सथ्थर किऊं ढढेंदी हैं।
कहै हुसैन फ़कीर निमाणा लेखा किऊं रोनी हैं।

(आख-कह, बता, कुड़े-लडकी, भेत-भेद, रहस्य, लेखा-लेखा-जोखा।)

व्याख्या–ऐ जीवात्मा (स्त्री) ! तूं सच-सच बता, आखिर तूं कौन है? अपने बारे में सच

बता। तेरी वास्तविकता क्या है।

क्या तू स्वयं अपने आप को पहचानती है कि तू कौन है? तेरा वजूद क्या है?

इस संसार में लोग चुपचाप आते हैं, चुपचाप चले भी जाते हैं? उनके आने-जाने का कोई पता नहीं चलता और न ही उनके आने-जाने की वजह या मकसद समझ में आता है।

अपनी टोकरी में दो-चार सूत के धागे डाल, उसे बाज़ार में दिखाने के लिए खड़ी हो जाती है। यदि कोई थोड़ा-सा नेक काम कर लिया जाये या प्रभु के नाम का सिमरन तो मनुष्य झट से उसकी नुमाइश करने लगता है। अन्य लोगों के आगे अपनी अच्छाईयों का गुणगान स्वयं ही करने लगता है।

हाथ-पल्ले में कोई ढंग का काम करने के संस्कार या नेकनीयती ना हो, परन्तु बातों और आकांक्षाओं के मामले में मनुष्य कुलांबे मिलाने लगता है।

मनुष्य की असली मिलकियत सिर्फ साढ़े तीन हाथ की क़ब्र होती है, वह इससे ज़्यादा पता इकट्ठा करने के पीछे नहीं क्यों भागता रहता है?

मनुष्य का तन-मन बुरी आदतों और स्वार्थ में सना होता है जिसे धोने का ख्याल तक भी उसे नहीं आता।

जब सारी ज़िंदगी बुरे से बुरा काम करने में आदमी नहीं घबराता, तो प्रभु के दरबार में लेखा देने से क्यों घबराहट होने लगती है? आखिर अपने किये कार्यों का ही तो लेखा-जोखा देना होता है। उसे देते हुए फिर रोना क्यों सूझता है।

127

कोई दिन माण लै मुसाफिर चल्ले ना।
इन्हां मुसाफिरां दी बाण भलेरी, अज्ज आए कल वाले नी।
औझड़ झंग बलाई बेले, विछुडिआं रब्ब साहिब मेले
शीहां पत्तण मल्ले नी।
साहुरड़े मुकलाऊ आऐ, चारा कुछ ना चल्ले नी।
कहै हुसैन फ़कीर साईं दा, खर्च बन्ने लै पल्ले नी।

(माण-भोगना, शीहां-मल्लाह, मुकलाऊ-गौना, पल्ले-दुपट्टे में)

व्याख्या–तुझे इस संसार में यदि कुछ भोगना है तो भोग ले क्योंकि फिर मुसाफिरों ने यहाँ से चले जाना है। मुसाफिर कभी भी किसी स्थान पर सदा के लिए नहीं रहते।

यहाँ आने वाले मुसाफिरों की बात निराली है क्योंकि पुराने मुसाफिर यहाँ पर कभी लौट कर नहीं आते। आज कोई और आया है तो कल को कोई अन्य आयेंगे।

झंग की रहने वाली हीर की परमात्मा ने आखिर सुन ही ली और उसका मिलन अपने राँझे से करवा दिया। इस तरह बिछुड़े हुए को सिर्फ परमात्मा ही मिला सकता है। हालांकि परमात्मा के नाम पर भुलावा देने वाले अनेक मल्लाह किनारे

पर बैठे हुए मिल जायेंगे। यह मल्लाह अनेक धर्मों के धर्माधिकारी है।

मायके से ससुराल में गौने के बाद जाना निश्चित ही है, इसके सिवाय कोई चारा नहीं है। इसका अन्य कोई विकल्प भी नहीं है।

जाना जब निश्चित है तो अपने साथ राह-खर्च रख लेना चाहिए ताकि रास्ते में कोई दिक्कत न आये। राह-खर्च से भाव अच्छे कर्म और नाम-सिमरन इत्यादि से है। ताकि रास्ता आसानी से कट सके।

128

निक्का कत्तदी है कुडीऐ कैनूं आप नूं।
जेहा करसहि तेहा पाऐ दोष ना माई बाप नूं।
दरगहि विच्चे सुहेली वत्तें दाज रंगायो आप नूं।
निक्का कत्ते गुलझ ना धत्तें, पहुँचय लोड़े पाक नूं।
शाह हुसैन फ़कीर रब्बाणा कदी अस वल्ल ताकूं तूं।

(करसहि-करेगा, वत्ते-पहुँचे, गुलझ-उलझा हुआ, वल्ल-ओर।)

व्याख्या—ऐ लड़की, तू थोड़ा-थोड़ा चरखा क्यों कात रही है?

तू जैसा करेगी, वैसा ही भरेगी, फिर इसका दोष किसी और अपने गुरु-मुर्शिद को क्यों दे?

प्रभु की दरगाह में यदि सुधड़ सयानी होकर पहुँचना चाहती है तो अपने साथ ले जाने वाला दहेज़ तैयार कर ले।

थोड़ा-थोड़ा कातते हुए इस बात का ध्यान रख कि कहीं पर धागा उलझ ना जाये। अक्सर मनुष्य अनेक भ्रम-भुलावों के कारण उलझ कर भटक जाता है जबकि उसे पवित्र स्थान पर ली पहुँचना चाहिए।

कभी तो परमात्मा हमारी ओर भी देख ले। हम भी तुझे समर्पित हैं, तेरे चरणों में स्वयं को समर्पित कर चुके हैं। हमें अपनी शरण में ले ले।

129

मे पीय के मन मानी न मानी, पीया मेरे मन मानिआ रे।
लोक कहै मुहे बवरी रे बवरी, मेरे भाणे लोक दिवानिआ रे।
लिख-लिख चीरीआं शाह पै भेजां मैं रो हरथ पछानिआं रे।
शाह हुसैन फ़कीर साईं दा, जंगल जाइ समानिआं रे।

(पीय-पिया, मे-मैं। बवरी-दीवानी।)

व्याख्या–मै बेशक पिया के मन को न भाऊँ, परन्तु पिया तो मेरे मन को भाया है। वह बहुत गहरे मुझमें समाया हुआ है।

लोग मुझे बावरी और दीवानी कहते हैं, जब मेरे विचार से लोग पागल-दीवाने हैं जिन्हें मेरे इश्क़ की समझ नहीं आती।

उस तक अपने हृदय की प्रकार मैं रो-रो कर पहुँचाती हूँ ताकि वह मुझे पहचान सके।

हुसैन साईं मैं जंगल में जाकर समा जाना चाहती हूँ ताकि प्रकृति के कण-कण में समाए प्रभु को पा सकूँ।

130

पुर तकसीर भरी मैं आई, तैनूं बणदी एह गल्ल नाहीं।
असा ऊमैद मिलण दी आही, किआ दिल मारि सहिकाइआ ही।
आवण किऊं छड़िऊ ई साईं, साथो की चित चाइआ ही।
कज्ज पड़दा मेरा फोल ना फोलण, तूं सरपोश खाक दा औलण।
मैं तेली दा फिर की तोलण, नाऊं सचिआर सदाइआ ही।
तूंहि जेहा कोई होर न मैनूं, मैं जैहीआं लख्ख साहिब तैनूं।
हर वकील घत्तां विच कैनूं, तै जो रोसा पाइआ ही।
तूं साहिब मैं तैंड़ी आही, जे को पुछे तां दिआं ऊगाही।
हुण की करना बेपरवाही, मैं तेरे नाऊं धराइआ ही।
अगे भवजल तारू वग्गदा, ऊथ्थे वंझ न चपा लगदा।
बेड़ा वंझ पिआ विच लाहु, तां मैं कूक सुणइआ ही
मैं विचारी दा चारा किहा, जो तऊ भाणी साईं ऐहा।
हुण की देणा ऐ ताऊं इवेहा, मछछली जिऊं तडफाइआं ही।
शाह हुसैन गई शहु नाले, साईं बाझों कौण संभाले।
रोइं रोइ नैण कीते रतणाले, केहा रकीबु भछाइआ ही।
(तकसीर-आस, कज्ज-ढँकना, धत्तां-ले आऊँ।)

व्याख्या–मैं आस से भरी तुझसे मिलने के लिए आयी, लेकिन तेरे साथ आसानी से मेरी कोई बात बनती नज़र नहीं आ रही।

मुझे मिलने की पूरी उम्मीद थी, इसके लिए दिल सहक और तड़प रहा था।

तूने हमसे मिलना स्वीकार नहीं किया, क्या तेरा हमसे दिल ऊब गया है?

तू हमारा परदा न उठा उसके नीचे जो भी छुपा है उसे छिपा रहने दे न आखिर

में उसे भी ख़ाक में मिल जाना है।

मुझे तोलने या परखने की कोशिश मत कर, सदा तेरे सच्चे नाम ने ही रहना है।

मुझे जैसी तो तुझे कई लाख मिल जायेंगी, परन्तु मेरे लिए तेरे जैसा कोई और नहीं है।

यदि तू नाराज भी हो जाये, तो भी मैं किसी और वकील को अपने और तेरे दरम्यान न ले कर आऊँ।

मैं तेरी हूँ तू मेरा है। किसी और को कुछ भी पूछने की ज़रूरत नहीं।

मैने अपना आप तेरे नाम को समर्पित कर दिया है। अब मैं लापरवाही नहीं करना चाहती।

भवसागर को पार करने के लिए कोई भी चप्पू नहीं चलता। कूक मेरा बेड़ा भवसागर में उतर गया है। मगर अपनी कूक किसे सुनाऊँ।

मैं विचार स्वयं क्या कर सकती हूँ, होगा वही जो मेरा साईं चाहेगा।

मुझे मछली की भांति क्यों तड़पा रहा है?

हुसैन तो अपने शहु के साथ चला गया है, उसे और कौन सँभालेगा?

साईं के वियोग में रो-रो कर मेरा बुरा हाल हो गया है, तूने मुझे कितनी उलझन में डाल दिया है?

□□□